marabout**ch**

petits biscuits & macarons

marabout**chef**

petits biscuits & macarons

pour vous mettre en appétit...

81

Galettes fourrées à la guimauve
et à la confiture

82

Biscuits à la menthe
et au chocolat

88

Biscotti à l'orange

94

Biscotti aux trois chocolats
et aux noisettes

96

Biscotti au citron, au miel
et aux pistaches

101

Meringues aux fruits de la passion

106

Mini-florentins

107

Amaretti

Trucs et astuces

Réaliser des biscuits de toutes sortes n'est pas difficile : il suffit de bien suivre les recettes. Vous trouverez ici quelques astuces supplémentaires pour vous aider à réussir des fournées de biscuits parfaits à tous les coups !

MATÉRIEL

Faites cuire les macarons, biscuits, cookies, meringues et biscotti sur des plaques de cuisson plates avec de tout petits rebords.
• Si les rebords sont supérieurs à 1 cm de haut, la cuisson et la coloration des biscuits seront insuffisantes et/ou inégales. Il est préférable d'utiliser la base d'un moule à gâteau ou d'un plat à four retourné plutôt qu'une plaque à hauts rebords.
• Certaines plaques de cuisson antiadhésives ont pour effet de brûler le dessous des biscuits. Pour éviter que cela se produise, baissez la température du four. Si vous testez une nouvelle plaque, préparez une fournée de quelques biscuits seulement.
• Il est indispensable de bien connaître son four. Notez le temps et la température de cuisson quand vous préparez une recette. Surveillez la cuisson une fois qu'un tiers du temps s'est écoulé ; il sera peut-être nécessaire de tourner les plaques plusieurs fois pour que la cuisson et la coloration soient uniformes, car la plupart des fours domestiques chauffent plus par endroits. Si vous faites cuire vos biscuits sur plusieurs niveaux, inversez les positions des plaques pendant la cuisson.
• Vous aurez également besoin d'un batteur électrique, de cuillères en bois, de spatules en plastique ou en caoutchouc, d'une spatule en métal, de saladiers ou de bols, de fines grilles pour laisser refroidir les biscuits, et d'un tamis.

PRÉPARATION

Pensez à lire chaque recette jusqu'au bout avant de la commencer.
• Il est préférable de préparer tous les ingrédients avant de commencer une recette, à moins qu'elle ne nécessite des temps de refroidissement ou de repos.
• Vérifiez et ajustez la position des plaques de cuisson avant de préchauffer le four à la bonne température. Si vous n'êtes pas certain de l'exactitude de la température de votre four, faites vérifier le thermostat, ou bien, solution plus économique, achetez un thermomètre à four dans un magasin d'ustensiles de cuisine. Laissez-le dans le four pour pouvoir le consulter quand vous le souhaitez.
• Ne graissez pas trop les plaques du four, sinon cela risque d'attirer la chaleur du four et de brûler le dessous de vos biscuits, ainsi que tous les endroits qui ne sont pas recouverts par des biscuits, par exemple les coins des plaques.
• On peut utiliser du papier sulfurisé à la place de la graisse, mais le papier a tendance à rouler. Vaporisez une fine couche d'huile de cuisson pour maintenir le papier en place. Si la recette indique de prendre du papier sulfurisé, c'est pour une bonne raison. Le papier sulfurisé peut souvent être utilisé plusieurs fois.

MESURES

Utilisez les cuillères à mesurer et les verres doseurs pour mesurer les ingrédients secs et les liquides.
• Servez-vous de la lame d'un couteau ou d'une spatule en métal pour niveler les ingrédients secs dans les cuillères.
• Si vous mesurez des liquides dans un verre doseur gradué en millilitres, assurez-vous de lire les bonnes graduations car il est facile de se tromper.
• Vérifiez que la quantité mesurée est exacte en portant le verre doseur à hauteur des yeux.
• Si vous utilisez une balance de cuisine, vérifiez qu'elle indique le poids exact en pesant un paquet de beurre non entamé.
Les températures du four de ce livre conviennent pour des fours traditionnels. Si vous avez un four à chaleur tournante, diminuez la température de 10 °C.

MÉLANGE DES INGRÉDIENTS

Pour de meilleurs résultats, les ingrédients doivent être à température ambiante, en particulier le beurre.
• Le beurre, le sucre et les œufs sont mélangés avec un batteur électrique. Ne battez pas trop longtemps sinon vous obtiendrez une préparation

trop liquide et vos biscuits s'étaleront trop pendant la cuisson.

• Pour commencer, mélangez les ingrédients en réglant le batteur sur vitesse basse/moyenne, sans les faire blanchir. Il est parfois nécessaire de battre jusqu'à ce que le mélange soit « clair et mousseux », quand on cherche à obtenir une texture plus légère.

• Pour réaliser des macarons et des meringues, battez les blancs d'œufs jusqu'à la formation de pics souples. Le batteur et le récipient doivent être très propres ; même une infime quantité de jaune d'œuf empêchera les blancs de monter correctement. Battez les œufs dans un récipient profond : ils vont peu à peu prendre du volume.

• Battez les blancs d'œufs dans un récipient, à vitesse moyenne, jusqu'à ce qu'ils commencent à mousser et à prendre du volume. Augmentez un peu la vitesse et battez jusqu'à ce qu'ils atteignent la bonne texture – généralement des pics souples. En commençant par battre les blancs d'œufs assez doucement, ils auront une texture plus ferme et monteront mieux.

• Ajoutez le sucre, cuillerée par cuillerée, en battant bien après chaque addition jusqu'à ce qu'il soit dissous.

CUISSON

Les temps de cuisson doivent uniquement servir de repère.

• Les temps de cuisson sont affectés par de nombreux facteurs, comme la température de la pièce et des ingrédients, la température du four, la mesure précise des ingrédients, la position des plaques de cuisson, le matériau des plaques et des moules, etc.

• Pour tester la cuisson des biscuits, attendez que le temps de cuisson indiqué soit presque écoulé, puis appuyez doucement avec le pouce sur le côté d'un biscuit sur la plaque : il doit être mou au toucher ; s'il glisse sur la plaque, même légèrement, il est prêt. Sortez les biscuits du four – ne les faites pas cuire jusqu'à ce qu'ils soient croustillants sinon ils deviendront durs et secs –, puis suivez les instructions pour les faire refroidir.

• Certains biscuits doivent refroidir sur les plaques pour devenir croustillants grâce à la chaleur de celles-ci, ou parce qu'ils sont fragiles et doivent reposer un certain temps. Les biscuits plus solides sont mis à refroidir sur des grilles.

• Les meringues et les macarons cuisent lentement. Ils sont prêts une fois qu'ils sont secs au toucher.

• Les biscotti cuisent habituellement deux fois : dans un premier temps sous la forme d'une bûche, que l'on fait ensuite refroidir puis que l'on coupe en tranches. Dans un second temps, on remet les tranches au four pour les sécher.

CONSERVATION

Les biscuits non fourrés se conservent environ une semaine dans un récipient hermétique à température ambiante.

• Si les biscuits ramollissent, passez-les au four pour qu'ils redeviennent croustillants. Préchauffez le four à 180 °C. Disposez les biscuits sur une plaque de cuisson non graissée sans les superposer. Enfournez pour 5 minutes jusqu'à ce qu'ils soient secs au toucher. Laissez-les refroidir sur des grilles.

• Les biscuits fourrés ramollissent avec le temps, mais sont parfois meilleurs ainsi. La plupart des garnitures pour biscuits, au beurre, au chocolat ou à la crème, doivent être conservées dans des récipients hermétiques au réfrigérateur.

• Les biscuits fragiles fourrés à la crème, comme les cornets à la crème fouettée, les meringues et les macarons, ne doivent pas être fourrés plus de 30 minutes avant d'être servis.

• Les meringues et les macarons non fourrés peuvent être conservés dans un récipient hermétique à température ambiante pendant environ une semaine – à condition qu'ils soient d'abord correctement séchés.

• Les biscotti, une fois qu'ils sont bien secs, se gardent pendant des mois dans un récipient hermétique à l'abri de la chaleur.

• À l'exception des biscuits fragiles fourrés, des meringues et des macarons, tous les biscuits de ce livre peuvent être congelés pendant un mois. Assurez-vous de les emballer, de les superposer et de les manipuler avec précaution pour éviter de les abîmer.

Macarons

Macarons au chocolat et aux amandes

Pour 16 macarons

Préparation + cuisson 40 minutes
+ repos et réfrigération

3 blancs d'œufs
55 g de sucre en poudre
160 g de sucre glace
25 g de cacao en poudre
120 g d'amandes en poudre
2 c. à c. de cacao en poudre supplémentaire
60 ml de crème liquide
150 g de chocolat noir cassé en petits morceaux

1. Graissez des plaques de cuisson et chemisez-les de papier sulfurisé.

2. Battez les blancs d'œufs dans un petit saladier avec un batteur électrique jusqu'à la formation de pics souples. Ajoutez le sucre en poudre et battez jusqu'à ce qu'il soit dissous. Transvasez la préparation dans un grand saladier. Incorporez le sucre glace et le cacao, tamisés, puis les amandes en poudre, en deux fois.

3. Versez la préparation dans une poche à douille munie d'un embout lisse de 2 cm. Formez des disques de 4 cm sur les plaques, à environ 2 cm de distance. Tapotez les plaques sur le plan de travail pour que les macarons s'étalent légèrement. Saupoudrez de cacao supplémentaire tamisé puis laissez reposer 30 minutes.

4. Pendant ce temps, préchauffez le four à 150 °C.

5. Enfournez les macarons pour 20 minutes environ, puis laissez-les refroidir sur les plaques.

6. Portez la crème liquide à ébullition dans une petite casserole. Retirez du feu, ajoutez le chocolat et remuez jusqu'à obtention d'une consistance homogène. Réfrigérez 20 minutes, ou jusqu'à ce que la ganache puisse être étalée.

7. Assemblez les macarons deux par deux avec la ganache.

Les macarons non fourrés se conservent dans un récipient hermétique pendant environ une semaine. Fourrez les macarons juste avant de les servir.

Macarons à la noix de coco et aux amandes

Pour 16 macarons

Préparation + cuisson 40 minutes
+ repos et réfrigération

3 blancs d'œufs
55 g de sucre en poudre
½ c. à c. d'essence de coco
200 g de sucre glace
90 g d'amandes en poudre
20 g de noix de coco râpée
2 c. à c. de sucre glace supplémentaire
60 ml de crème liquide
150 g de chocolat blanc coupé en petits morceaux
2 c. à c. de liqueur à la noix de coco

1. Graissez des plaques de cuisson et chemisez-les de papier sulfurisé.

2. Battez les blancs d'œufs dans un petit saladier avec un batteur électrique jusqu'à la formation de pics souples. Ajoutez le sucre en poudre et l'essence de coco et battez jusqu'à ce que le sucre soit dissous. Transvasez la préparation dans un grand saladier. Incorporez le sucre glace tamisé, les amandes en poudre et la noix de coco râpée, en deux fois.

3. Versez la préparation dans une poche à douille munie d'un embout lisse de 2 cm. Formez des disques de 4 cm sur les plaques, à environ 2 cm de distance. Tapotez les plaques sur le plan de travail pour que les macarons s'étalent légèrement. Saupoudrez de sucre glace tamisé puis laissez reposer 30 minutes.

4. Pendant ce temps, préchauffez le four à 150 °C.

5. Enfournez les macarons pour 20 minutes environ, puis laissez-les refroidir sur les plaques.

6. Portez la crème liquide à ébullition dans une petite casserole. Retirez du feu, ajoutez le chocolat blanc et remuez jusqu'à obtention d'une consistance homogène. Incorporez la liqueur. Réfrigérez 20 minutes, ou jusqu'à ce que la ganache puisse être étalée.

7. Assemblez les macarons deux par deux avec la ganache.

Les macarons non fourrés se conservent dans un récipient hermétique pendant environ une semaine. Fourrez les macarons juste avant de les servir.

Macarons à l'orange et aux amandes

Pour 16 macarons

Préparation + cuisson 40 minutes
+ repos et réfrigération

3 blancs d'œufs
55 g de sucre en poudre
colorant alimentaire orange
200 g de sucre glace
120 g d'amandes en poudre
1 c. à c. de zeste d'orange finement râpé
2 c. à s. d'amandes effilées
115 g de confiture d'oranges

1. Graissez des plaques de cuisson et chemisez-les de papier sulfurisé.

2. Battez les blancs d'œufs dans un petit saladier avec un batteur électrique jusqu'à la formation de pics souples. Ajoutez le sucre en poudre et quelques gouttes de colorant et battez jusqu'à ce que le sucre soit dissous. Transvasez la préparation dans un grand saladier. Incorporez le sucre glace tamisé, les amandes en poudre et le zeste d'orange, en deux fois.

3. Versez la préparation dans une poche à douille munie d'un embout lisse de 2 cm. Formez des disques de 4 cm sur les plaques, à environ 2 cm de distance. Tapotez les plaques sur le plan de travail pour que les macarons s'étalent légèrement. Parsemez d'amandes effilées puis laissez reposer 30 minutes.

4. Pendant ce temps, préchauffez le four à 150 °C.

5. Enfournez les macarons pour 20 minutes environ, et laissez-les refroidir sur les plaques.

6. Assemblez les macarons deux par deux avec la confiture d'oranges.

Les macarons non fourrés se conservent dans un récipient hermétique pendant environ une semaine. Fourrez les macarons juste avant de les servir. S'il y a trop de morceaux dans la confiture ou si elle est trop épaisse pour être étalée, réchauffez-la, passez-la au tamis puis laissez-la refroidir avant emploi.

Macarons à la pistache et à la fleur d'oranger

Pour 16 macarons

Préparation + cuisson 40 minutes + repos et réfrigération

45 g de pistaches grillées non salées
3 blancs d'œufs
55 g de sucre en poudre
colorant alimentaire vert
200 g de sucre glace
90 g d'amandes en poudre
1 c. à s. de sucre glace supplémentaire
60 ml de crème liquide
150 g de chocolat blanc cassé en morceaux
4 c. à c. d'eau de fleur d'oranger

1. Graissez des plaques de cuisson et chemisez-les de papier sulfurisé.

2. Mixez les pistaches jusqu'à obtention d'une poudre fine.

3. Battez les blancs d'œufs dans un petit saladier avec un batteur électrique jusqu'à la formation de pics souples. Ajoutez le sucre en poudre et quelques gouttes de colorant et battez jusqu'à ce que le sucre soit dissous. Transvasez la préparation dans un grand saladier. Incorporez les deux tiers des pistaches en poudre, le sucre glace tamisé et les amandes en poudre, en deux fois.

4. Versez la préparation dans une poche à douille munie d'un embout lisse de 2 cm. Formez des disques de 4 cm sur les plaques, à environ 2 cm de distance. Tapotez les plaques sur le plan de travail pour que les macarons s'étalent légèrement. Saupoudrez de sucre glace tamisé, puis du reste de pistaches en poudre. Laissez reposer 30 minutes.

5. Pendant ce temps, préchauffez le four à 150 °C.

6. Enfournez les macarons pour 20 minutes, puis laissez-les refroidir sur les plaques.

7. Portez la crème liquide à ébullition dans une petite casserole. Retirez du feu, ajoutez le chocolat blanc et remuez jusqu'à obtention d'une consistance lisse. Incorporez l'eau de fleur d'oranger. Réfrigérez jusqu'à ce que la ganache puisse être étalée.

8. Assemblez les macarons deux par deux avec la ganache.

Les macarons non fourrés se conservent dans un récipient hermétique pendant environ une semaine. Fourrez les macarons juste avant de les servir.

Macarons à la liqueur de citron

Pour 16 macarons

Préparation + cuisson 40 minutes + repos et réfrigération

3 blancs d'œufs
55 g de sucre en poudre
colorant alimentaire jaune
200 g de sucre glace
120 g d'amandes en poudre
2 c. à c. de zeste de citron finement râpé
1 c. à s. de sucre glace supplémentaire
60 ml de crème liquide
150 g de chocolat blanc cassé en morceaux
4 c. à c. de limoncello

1. Graissez des plaques de cuisson et chemisez-les de papier sulfurisé.

2. Battez les blancs d'œufs dans un petit saladier avec un batteur électrique jusqu'à la formation de pics souples. Ajoutez le sucre en poudre et quelques gouttes de colorant et battez jusqu'à dissolution du sucre. Transvasez la préparation dans un grand saladier. Incorporez le sucre glace tamisé, les amandes en poudre et le zeste de citron, en deux fois.

3. Versez la préparation dans une poche à douille munie d'un embout lisse de 2 cm. Formez des disques de 4 cm sur les plaques, à environ 2 cm de distance. Tapotez les plaques sur le plan de travail pour que les macarons s'étalent légèrement. Saupoudrez de sucre glace tamisé puis laissez reposer 30 minutes.

4. Pendant ce temps, préchauffez le four à 150 °C.

5. Enfournez les macarons pour 20 minutes, puis laissez-les refroidir sur les plaques.

6. Portez la crème liquide à ébullition dans une petite casserole. Retirez du feu, ajoutez le chocolat blanc et remuez jusqu'à obtention d'une consistance homogène. Incorporez le limoncello. Laissez reposer à température ambiante jusqu'à ce que la ganache puisse être étalée.

7. Assemblez les macarons deux par deux avec la ganache.

Les macarons non fourrés se conservent dans un récipient hermétique pendant environ une semaine. Fourrez les macarons juste avant de les servir.

Macarons à la noix de coco

Pour 24 macarons

Préparation + cuisson 50 minutes

2 blancs d'œufs
110 g de sucre en poudre
1 c. à c. d'extrait de vanille
35 g de farine ordinaire
120 g de noix de coco râpée
6 cerises confites coupées en quatre

1. Préchauffez le four à 150 °C. Graissez des plaques de cuisson et chemisez-les de papier sulfurisé.

2. Battez les blancs d'œufs dans un petit saladier avec un batteur électrique jusqu'à la formation de pics souples. Ajoutez progressivement le sucre, en battant jusqu'à ce qu'il soit dissous après chaque addition. Incorporez l'extrait de vanille, la farine tamisée et la noix de coco râpée, en deux fois.

3. Déposez des cuillerées à soupe de la préparation sur les plaques, à environ 5 cm de distance. Décorez chaque macaron avec un quartier de cerise confite. Enfournez pour 30 minutes environ, puis laissez refroidir sur les plaques.

Les macarons se conservent dans un récipient hermétique pendant environ une semaine. Les cerises confites sont disponibles en trois couleurs ; si vous n'en trouvez pas, remplacez-les par n'importe quel autre fruit confit.

Macarons à la noix de coco, aux canneberges et au chocolat blanc

Pour 28 macarons

Préparation + cuisson 50 minutes

2 blancs d'œufs
110 g de sucre en poudre
1 c. à c. d'extrait de vanille
35 g de farine ordinaire

120 g de noix de coco râpée
45 g de canneberges séchées, grossièrement hachées
90 g de chocolat blanc cassé en petits morceaux
28 canneberges séchées, entières

1. Préchauffez le four à 150 °C. Graissez des plaques de cuisson et chemisez-les de papier sulfurisé.

2. Battez les blancs d'œufs dans un petit saladier avec un batteur électrique jusqu'à la formation de pics souples. Ajoutez progressivement le sucre, en battant jusqu'à ce qu'il soit dissous après chaque addition. Incorporez l'extrait de vanille, la farine tamisée, la noix de coco, les canneberges et le chocolat blanc, en deux fois.

3. Avec des mains mouillées, façonnez en boules des cuillerées à soupe bombées de la préparation. Disposez-les sur les plaques, en les espaçant de 5 cm environ. Placez une canneberge entière sur chaque macaron. Enfournez pour 25 minutes environ, puis laissez refroidir sur les plaques.

Les macarons se conservent dans un récipient hermétique pendant environ une semaine.

Macarons au chocolat noir et aux noix

Pour 24 macarons

Préparation + cuisson 1 heure + repos

200 g de noix
2 blancs d'œufs
110 g de sucre en poudre
1 c. à c. d'extrait de vanille

1 c. à s. de farine ordinaire
4 c. à c. de cacao en poudre
90 g de chocolat noir cassé en petits morceaux
60 g de chocolat noir fondu

1. Préchauffez le four à 150 °C. Graissez des plaques de cuisson et chemisez-les de papier sulfurisé.

2. Mixez les noix jusqu'à obtention d'une poudre fine.

3. Battez les blancs d'œufs dans un petit saladier avec un batteur électrique jusqu'à la formation de pics souples. Ajoutez progressivement le sucre, en battant jusqu'à ce qu'il soit dissous après chaque addition. Incorporez l'extrait de vanille, la farine et le cacao tamisés, les noix en poudre et les morceaux de chocolat, en deux fois.

4. Déposez des cuillerées à soupe bombées de la préparation sur les plaques, à environ 5 cm de distance. Enfournez pour 25 minutes environ, puis laissez refroidir sur les plaques.

5. Versez le chocolat fondu en filet sur les macarons refroidis. Laissez prendre à température ambiante.

Les macarons se conservent dans un récipient hermétique pendant environ une semaine.

Macarons aux noix de pécan

Pour 22 macarons

Préparation + cuisson 55 minutes

200 g de noix de pécan
2 blancs d'œufs
110 g de cassonade
1 c. à c. d'extrait de vanille
35 g de farine ordinaire
22 cerneaux de noix de pécan

1. Préchauffez le four à 150 °C. Graissez des plaques de cuisson et chemisez-les de papier sulfurisé.

2. Mixez les noix de pécan jusqu'à obtention d'une poudre fine.

3. Battez les blancs d'œufs et le sucre dans un petit saladier avec un batteur électrique pendant environ 15 minutes, ou jusqu'à ce que le sucre soit dissous. Incorporez l'extrait de vanille, la farine tamisée et les noix de pécan en poudre, en deux fois.

4. Déposez des cuillerées à soupe bombées de la préparation sur les plaques, à environ 5 cm de distance. Disposez une moitié de noix de pécan sur chaque macaron. Enfournez pour 30 minutes environ, puis laissez refroidir sur les plaques.

Les macarons se conservent dans un récipient hermétique pendant environ une semaine.

Macarons aux amandes et au miel

Pour 26 macarons

Préparation + cuisson 55 minutes

2 blancs d'œufs
110 g de sucre en poudre
1 c. à c. d'extrait de vanille
4 c. à c. de miel
35 g de farine ordinaire

120 g d'amandes en poudre
80 g de noix de coco râpée
20 g d'amandes effilées
1 c. à s. de sucre glace

1. Préchauffez le four à 150 °C. Graissez des plaques de cuisson et chemisez-les de papier sulfurisé.

2. Battez les blancs d'œufs dans un petit saladier avec un batteur électrique jusqu'à la formation de pics souples. Ajoutez progressivement le sucre en poudre, en battant jusqu'à ce qu'il soit dissous après chaque addition. Incorporez l'extrait de vanille, le miel, la farine tamisée, les amandes en poudre et la noix de coco, en deux fois.

3. Déposez des cuillerées à soupe de la préparation sur les plaques, à environ 5 cm de distance. Parsemez les macarons d'amandes effilées. Enfournez pour 45 minutes environ, puis laissez refroidir sur les plaques.

4. Quand les macarons sont froids, saupoudrez-les de sucre glace tamisé.

Macarons aux amandes

Pour 18 macarons

Préparation + cuisson 1 h 20

2 blancs d'œufs
110 g de sucre en poudre
125 g d'amandes en poudre
½ c. à c. d'extrait d'amandes
35 g de farine ordinaire
18 amandes entières, mondées

1. Préchauffez le four à 150 °C. Graissez des plaques de cuisson et chemisez-les de papier sulfurisé.

2. Battez les blancs d'œufs dans un petit saladier avec un batteur électrique jusqu'à la formation de pics souples. Ajoutez progressivement le sucre, en battant jusqu'à ce qu'il soit dissous après chaque addition. Incorporez les amandes en poudre, l'extrait d'amandes et la farine tamisée, en deux fois.

3. Déposez des cuillerées à soupe de la préparation sur les plaques, à environ 5 cm de distance. Placez une amande sur chaque macaron. Enfournez pour environ 1 heure, puis laissez refroidir sur les plaques.

Les macarons se conservent dans un récipient hermétique pendant environ une semaine.

Macarons aux framboises

Pour 16 macarons

Préparation + cuisson 40 minutes + repos et réfrigération

3 blancs d'œufs
55 g de sucre en poudre
colorant alimentaire rose
240 g de sucre glace
120 g d'amandes en poudre
1 c. à s. de coulis de framboise (voir note ci-dessous)
1 c. à s. de sucre glace supplémentaire
60 ml de crème liquide
150 g de chocolat blanc cassé en morceaux
1 c. à s. de confiture de framboises chaude et passée au tamis

1. Graissez des plaques de cuisson et chemisez-les de papier sulfurisé.

2. Battez les blancs d'œufs dans un petit saladier avec un batteur électrique jusqu'à la formation de pics souples. Ajoutez le sucre en poudre et quelques gouttes de colorant et battez jusqu'à ce que le sucre soit dissous. Transvasez la préparation dans un grand saladier. Incorporez le sucre glace tamisé, les amandes en poudre et le coulis de framboise, en deux fois.

3. Versez la préparation dans une poche à douille munie d'un embout lisse de 2 cm. Formez des disques de 4 cm sur les plaques, à environ 2 cm de distance. Tapotez les plaques sur le plan de travail pour que les macarons s'étalent légèrement. Saupoudrez de sucre glace tamisé, puis laissez reposer 30 minutes.

4. Pendant ce temps, préchauffez le four à 150 °C.

5. Enfournez les macarons pour 20 minutes environ, puis laissez-les refroidir sur les plaques.

6. Portez la crème liquide à ébullition dans une petite casserole. Retirez du feu, ajoutez le chocolat blanc et remuez jusqu'à l'obtention d'une consistance homogène. Incorporez la confiture et quelques gouttes de colorant. Placez au réfrigérateur jusqu'à ce que la ganache puisse être étalée.

7. Assemblez les macarons deux par deux avec la ganache.

Passez 6 framboises fraîches ou surgelées – décongelées – dans un tamis fin pour obtenir un coulis. Les macarons non fourrés se conservent dans un récipient hermétique pendant environ une semaine. Fourrez les macarons juste avant de les servir.

Biscuits simples

Cookies aux pépites de chocolat

Pour 36 cookies

Préparation + cuisson 30 minutes

250 g de beurre ramolli
1 c. à c. d'extrait de vanille
165 g de sucre en poudre
165 g de cassonade
1 œuf
335 g de farine ordinaire
1 c. à c. de bicarbonate de soude
375 g de chocolat noir cassé en petits morceaux

1. Préchauffez le four à 180 °C. Graissez des plaques de cuisson.

2. Battez le beurre, l'extrait de vanille, le sucre, la cassonade et l'œuf dans un petit saladier avec un batteur électrique jusqu'à ce que le mélange soit clair et mousseux. Transvasez la préparation dans un grand saladier. Incorporez la farine et le bicarbonate de soude tamisés, en deux fois. Incorporez le chocolat.

3. Façonnez en boules des cuillerées à soupe de pâte, et disposez-les à environ 5 cm de distance sur les plaques. Enfournez pour environ 15 minutes puis laissez refroidir les cookies sur les plaques.

Le chocolat noir peut être remplacé par du chocolat au lait ou du chocolat blanc. Pour varier, remplacez un tiers du chocolat par des noisettes, des noix, des noix de pécan ou de macadamia, grillées et hachées. Les cookies se conservent dans un récipient hermétique pendant une semaine.

Cookies aux cacahuètes pralinées

Pour 28 cookies

Préparation + cuisson 45 minutes + repos

125 g de beurre ramolli
70 g de beurre de cacahuète avec des morceaux
110 g de cassonade
1 œuf
225 g de farine ordinaire
½ c. à c. de bicarbonate de soude

Cacahuètes pralinées
100 g de cacahuètes grillées, non salées
110 g de sucre en poudre
2 c. à s. d'eau

1. Préparez les cacahuètes pralinées.

2. Préchauffez le four à 160 °C. Chemisez des plaques de cuisson de papier sulfurisé.

3. Battez le beurre, le beurre de cacahuète, la cassonade et l'œuf dans un petit saladier avec un batteur électrique jusqu'à ce que le mélange soit homogène. Incorporez les ingrédients secs tamisés et la moitié des cacahuètes pralinées concassées.

4. Façonnez la préparation en boules. Disposez-les sur les plaques de cuisson à environ 5 cm de distance, et aplatissez-les légèrement. Parsemez du reste de cacahuètes pralinées. Faites cuire 20 minutes environ puis laissez refroidir sur les plaques.

Cacahuètes pralinées

Répartissez les cacahuètes sur une plaque de cuisson chemisée de papier sulfurisé. Mélangez le sucre et l'eau dans une petite poêle et remuez sur le feu, sans laisser bouillir, jusqu'à ce que le sucre soit dissous. Portez à ébullition, puis laissez bouillir sans couvrir et sans remuer jusqu'à ce que le mélange brunisse. Versez sur les cacahuètes et laissez prendre à température ambiante. Concassez grossièrement.

Conservez les cookies dans un récipient hermétique jusqu'à une semaine.

Biscuits Anzac

Pour 25 biscuits

Préparation + cuisson 35 minutes

125 g de beurre coupé en morceaux
2 c. à s. de golden syrup
1 c. à s. d'eau
½ c. à c. de bicarbonate de soude
220 g de cassonade
40 g de noix de coco râpée
90 g de flocons d'avoine
150 g de farine ordinaire

1. Préchauffez le four à 160 °C. Chemisez des plaques de cuisson de papier sulfurisé.

2. Mettez le beurre, le golden syrup et l'eau dans une grande casserole à feu doux et remuez jusqu'à ce que le mélange soit homogène. Retirez du feu. Incorporez le bicarbonate de soude puis le reste des ingrédients.

3. Façonnez en boules des cuillerées à soupe de pâte. Disposez-les à environ 5 cm de distance sur les plaques et aplatissez-les légèrement. Enfournez pour environ 20 minutes, puis laissez refroidir sur les plaques.

Les biscuits doivent être mous au toucher juste après la cuisson ; ils deviendront plus fermes en refroidissant. Ces biscuits se conservent dans un récipient hermétique jusqu'à une semaine.

Biscuits glacés aux épices

Pour 40 biscuits

Préparation + cuisson 40 minutes + réfrigération et repos

60 g de beurre
110 g de cassonade
270 g de golden syrup
1 œuf
375 g de farine ordinaire
75 g de farine à levure incorporée
½ c. à c. de bicarbonate de soude
1 c. à c. de cannelle moulue
1 c. à c. de mélange de cannelle, noix de muscade
    et poivre de la Jamaïque moulus
½ c. à c. de clou de girofle moulu
2 c. à c. de gingembre moulu

Glaçage au citron
1 blanc d'œuf
240 g de sucre glace
2 c. à c. de farine ordinaire
1 c. à s. de jus de citron, environ
colorant alimentaire rose

1. Préchauffez le four à 180 °C. Graissez des plaques de cuisson.

2. Mélangez le beurre, la cassonade et le golden syrup dans
une casserole moyenne, à feu doux, jusqu'à homogénéité.

3. Transvasez la préparation dans un grand saladier et laissez refroidir
10 minutes. Incorporez l'œuf puis les ingrédients secs tamisés,
en deux fois. Pétrissez la pâte sur un plan de travail fariné jusqu'à ce
qu'elle ne colle plus, puis couvrez. Placez 30 minutes au réfrigérateur.

4. Divisez le pâton en 8 morceaux. Façonnez des boudins de 2 cm
puis coupez-les chacun en 5 tronçons de 6 cm. Disposez-les à environ
2,5 cm de distance sur les plaques. Arrondissez les extrémités avec
des doigts légèrement farinés et aplatissez-les un peu. Faites cuire
15 minutes environ, puis laissez refroidir sur les plaques.

5. Préparez le glaçage.

6. Nappez les biscuits de glaçage rose et blanc. Laissez prendre
à température ambiante.

Glaçage au citron

Battez légèrement le blanc d'œuf dans un petit récipient. Incorporez
peu à peu le sucre glace et la farine, tamisés, puis assez de jus
de citron pour que le glaçage puisse être étalé. Versez-en la moitié
dans un autre petit récipient et colorez-la en rose. Recouvrez
les glaçages d'un torchon humide pendant que vous les utilisez
pour qu'ils ne sèchent pas.

Conservez ces biscuits dans un récipient hermétique jusqu'à une semaine.

Biscuits à la confiture

Pour 24 biscuits

Préparation + cuisson 40 minutes

125 g de beurre ramolli
½ c. à c. d'extrait de vanille
110 g de sucre en poudre
120 g d'amandes en poudre
1 œuf
150 g de farine ordinaire
1 c. à c. de zeste de citron finement râpé
110 g de confiture de framboises
2 c. à s. de confiture d'abricots

1. Préchauffez le four à 180 °C. Chemisez des plaques de cuisson de papier sulfurisé.

2. Battez le beurre, l'extrait de vanille, le sucre et les amandes en poudre dans un petit saladier avec un batteur électrique jusqu'à ce que le mélange soit clair et mousseux. Ajoutez l'œuf, battez puis incorporez la farine tamisée.

3. Répartissez le zeste de citron dans les deux confitures et mélangez bien.

4. Façonnez en boules des cuillerées à soupe de pâte. Disposez-les à environ 5 cm de distance sur les plaques, et aplatissez-les légèrement. Formez une fleur dans la pâte en faisant des trous d'environ 1 cm de profondeur avec l'extrémité d'une cuillère en bois. Remplissez les trous extérieurs avec de la confiture de framboises « les pétales », et le trou central avec de la confiture d'abricots.

5. Enfournez pour 15 minutes environ. Laissez refroidir sur les plaques.

Ces biscuits se conservent dans un récipient hermétique jusqu'à 2 jours.

Croissants grecs aux amandes

Pour 50 croissants

Préparation + cuisson 50 minutes

250 g de beurre ramolli
1 c. à c. d'extrait de vanille
220 g de sucre en poudre
1 œuf
60 ml de cognac
120 g d'amandes grillées, mondées, finement hachées

375 g de farine ordinaire
225 g de farine à levure incorporée
½ c. à c. de noix de muscade moulue
60 ml d'eau de rose
125 ml d'eau
480 g de sucre glace

1. Préchauffez le four à 180 °C. Graissez des plaques de cuisson.

2. Battez le beurre, l'extrait de vanille et le sucre dans un petit saladier avec un batteur électrique jusqu'à ce que le mélange soit clair et mousseux. Incorporez l'œuf et le cognac tout en battant. Transvasez la préparation dans un grand saladier. Incorporez les amandes, les deux farines tamisées et la muscade, en deux fois.

3. Pétrissez légèrement la pâte sur un plan de travail fariné jusqu'à ce qu'elle soit lisse. Formez des croissants avec des cuillerées à soupe de pâte. Disposez-les à environ 2,5 cm de distance sur les plaques. Enfournez pour environ 15 minutes, ou jusqu'à ce qu'ils soient légèrement brunis.

4. Transférez les croissants sur des grilles, badigeonnez-les du mélange d'eau de rose et d'eau. Enrobez-les d'une couche épaisse de sucre glace tamisé et laissez refroidir.

Les croissants se gardent dans un récipient hermétique jusqu'à une semaine.

Biscuits de mariage

Pour 14 biscuits

Préparation + cuisson 50 minutes

55 g de mélange de fruits secs
2 c. à s. de cognac
125 g de beurre ramolli
1 c. à c. de zeste d'orange finement râpé
75 g de sucre en poudre
1 c. à s. de golden syrup
150 g de farine à levure incorporée
100 g de farine ordinaire
½ c. à c. de mélange de cannelle, noix de muscade
    et poivre de la Jamaïque moulus

Glaçage au fondant
300 g de fondant blanc tout prêt, grossièrement coupé
1 blanc d'œuf
½ c. à c. de jus de citron

Glaçage royal
240 g de sucre glace
1 blanc d'œuf

1. Mixez les fruits secs et le cognac jusqu'à ce que le mélange soit homogène. Battez le beurre, le zeste d'orange, le sucre et le golden syrup dans un petit saladier avec un batteur électrique jusqu'à ce que le mélange soit homogène. Incorporez les ingrédients secs tamisés et la purée de fruits, en deux fois. Pétrissez la pâte sur un plan de travail fariné jusqu'à ce qu'elle soit lisse. Abaissez-la entre deux feuilles de papier sulfurisé à 5 mm d'épaisseur. Couvrez et placez 30 minutes au réfrigérateur.

2. Préchauffez le four à 180 °C. Graissez des plaques de cuisson et chemisez-les de papier sulfurisé. À l'aide d'un emporte-pièce en forme de pièce montée de 10,5 cm, découpez 12 formes dans la pâte. Disposez-les sur les plaques à environ 5 cm de distance. Passez-les environ 12 minutes au four puis laissez-les refroidir sur les plaques.

3. Préparez le glaçage au fondant. Étalez-le rapidement sur les biscuits avec une spatule en métal préalablement plongée dans de l'eau chaude. Laissez prendre à température ambiante.

4. Préparez le glaçage royal. Servez-vous-en pour décorer les biscuits.

Glaçage au fondant
Mettez le fondant dans un récipient résistant à la chaleur placé au-dessus d'une petite casserole d'eau frémissante et remuez jusqu'à ce qu'il soit onctueux. Ajoutez le blanc d'œuf et le jus de citron et battez jusqu'à ce que le mélange soit homogène.

Glaçage royal
Battez le blanc d'œuf dans un petit saladier avec un batteur électrique. Incorporez le sucre glace tamisé tout en battant, 1 cuillerée à soupe à la fois. Couvrez bien de film alimentaire.

Fers à cheval au miel, à l'avoine et à l'orge

Pour 26 biscuits

Préparation + cuisson 40 minutes

125 g de beurre ramolli
110 g de sucre en poudre
1 œuf
2 c. à s. de golden syrup
2 c. à s. de miel
45 g de flocons d'avoine
65 g de flocons d'orge
300 g de farine ordinaire
½ c. à c. de bicarbonate de soude
1 ½ c. à c. de crème de tartre
1 c. à c. de gingembre moulu
1 c. à c. d'un mélange de cannelle, noix de muscade
    et poivre de la Jamaïque moulus
½ c. à c. de clou de girofle moulu
45 g de flocons d'avoine supplémentaire

1. Préchauffez le four à 180 °C. Graissez des plaques de cuisson
et chemisez-les de papier sulfurisé.

2. Battez le beurre, le sucre et l'œuf dans un petit saladier avec
un batteur électrique jusqu'à ce que le mélange soit homogène.
Transvasez dans un grand saladier. Incorporez le golden syrup,
le miel, les flocons d'avoine et d'orge, et les ingrédients secs tamisés.

3. Pétrissez la pâte sur un plan de travail fariné jusqu'à ce qu'elle
soit lisse. Parsemez la surface des flocons d'avoine supplémentaires.
Formez des boudins de 12 cm avec des cuillerées à soupe de pâte.

4. Façonnez-les en forme de fers à cheval et disposez-les à environ
3 cm de distance sur les plaques. Faites cuire environ 20 minutes,
puis laissez refroidir sur des grilles.

Palets au beurre

Pour 50 palets

Préparation + cuisson 30 minutes + réfrigération

250 g de beurre ramolli
160 g de sucre glace
375 g de farine ordinaire

1. Battez le beurre et le sucre glace tamisé dans un petit saladier avec un batteur électrique jusqu'à ce que le mélange soit clair et mousseux. Transvasez dans un grand saladier puis incorporez la farine tamisée, en deux fois.

2. Pétrissez légèrement la pâte sur un plan de travail fariné jusqu'à ce qu'elle soit lisse. Divisez le pâton en deux et façonnez une bûche de 25 cm avec chaque moitié. Enveloppez-les de film alimentaire et placez-les environ 1 heure au réfrigérateur, ou jusqu'à ce que la pâte soit ferme.

3. Préchauffez le four à 180 °C. Graissez des plaques de cuisson.

4. Coupez les bûches en tranches de 1 cm. Disposez-les à 2,5 cm de distance sur les plaques et enfournez-les pour environ 10 minutes. Laissez refroidir sur les plaques.

Ces palets simples peuvent être recouverts de noix, de noisettes, etc. avant d'être cuits au four, ou bien recouverts de glaçage une fois cuits puis plongés dans différentes garnitures. On peut aussi simplement les saupoudrer légèrement de sucre glace tamisé. Si vous voulez aromatiser la pâte, ajoutez une essence ou un extrait de votre choix en battant le beurre et le sucre, ou bien incorporez 1 ou 2 cuillerées à soupe de zeste d'agrume finement râpé. Ces biscuits se conservent dans un récipient hermétique pendant au moins une semaine.

Cookies au chocolat et aux framboises

Pour 24 cookies

Préparation + cuisson 35 minutes

125 g de beurre ramolli
165 g de cassonade
1 œuf
1 c. à c. d'extrait de vanille
150 g de farine ordinaire
35 g de farine à levure incorporée
35 g de cacao en poudre
½ c. à c. de bicarbonate de soude
90 g de chocolat noir cassé en morceaux
125 g de framboises surgelées

1. Préchauffez le four à 180 °C. Chemisez des plaques de cuisson de papier sulfurisé.

2. Battez le beurre, la cassonade, l'œuf et l'extrait de vanille dans un petit saladier avec un batteur électrique jusqu'à ce que le mélange soit homogène. Incorporez les deux farines, le cacao et le bicarbonate de soude, tamisés, en deux fois, puis le chocolat et les framboises.

3. Déposez des cuillerées à soupe de pâte à environ 5 cm de distance sur les plaques. Aplatissez légèrement. Faites cuire environ 12 minutes. Laissez reposer les cookies 5 minutes sur les plaques avant de les mettre à refroidir sur une grille.

Associez des chocolats de différentes couleurs avec des fruits rouges variés selon vos goûts. Conservez les cookies dans un récipient hermétique au réfrigérateur jusqu'à une semaine.

Fleurs au lait malté

Pour 36 fleurs

Préparation + cuisson 50 minutes + réfrigération

125 g de beurre ramolli
110 g de sucre en poudre
1 œuf
2 c. à s. de golden syrup
40 g de lait malté en poudre
375 g de farine ordinaire
½ c. à c. de bicarbonate de soude
1 ½ c. à c. de crème de tartre
36 pastilles de chocolat noir
minibilles de sucre multicolores

Glaçage au lait malté
240 g de sucre glace
2 c. à s. de lait malté en poudre
2 c. à s. de lait (environ)

1. Battez le beurre, le sucre et l'œuf dans un petit saladier avec
un batteur électrique jusqu'à ce que le mélange soit homogène
puis transvasez dans un grand saladier. Incorporez le golden syrup
et les ingrédients secs tamisés, en deux fois. Pétrissez légèrement
la pâte sur un plan de travail fariné jusqu'à ce qu'elle soit lisse.
Couvrez et réfrigérez 30 minutes.

2. Préchauffez le four à 150 °C. Chemisez des plaques de cuisson
de papier sulfurisé.

3. Abaissez la pâte à 5 mm d'épaisseur entre deux feuilles de papier
sulfurisé. Découpez des fleurs de 7,5 cm, puis disposez-les à environ
2,5 cm de distance sur les plaques. Enfournez pour 18 minutes
environ. Laissez refroidir sur les plaques.

4. Pendant ce temps, préparez le glaçage au lait malté.

5. Étalez le glaçage sur les biscuits. Décorez la moitié des biscuits
de pastilles de chocolat noir et l'autre moitié de pastilles enrobées
de minibilles de sucre.

Glaçage au lait malté
Tamisez le sucre glace et le lait malté en poudre au-dessus d'un petit
récipient résistant à la chaleur ; incorporez assez de lait pour former
une pâte épaisse. Remuez au-dessus d'une petite casserole d'eau
frémissante jusqu'à ce que le glaçage puisse être étalé.

*Conservez les biscuits dans un récipient hermétique jusqu'à
une semaine.*

Biscuits de polenta à la mandarine

Pour 30 biscuits

Préparation + cuisson 40 minutes + réfrigération

125 g de beurre ramolli
2 c. à c. de zeste de mandarine finement râpé
110 g de sucre glace
55 g de polenta
225 g de farine
60 ml de jus de mandarine

1. Préchauffez le four à 180 °C. Beurrez deux plaques de cuisson et chemisez-les de papier sulfurisé.

2. Dans un petit saladier, battez à l'aide d'un mixeur le beurre, le zeste et le sucre glace tamisé. Incorporez la polenta et la farine tamisées, puis le jus de mandarine en deux fois.

3. Façonnez la pâte en bûche rectangulaire de 30 cm de long. Enveloppez-la de film alimentaire et placez-la 30 minutes au réfrigérateur.

4. Retirez le film, puis détaillez la pâte en tranches de 1 cm. Déposez les tranches sur les plaques à 2,5 cm de distance. Faites cuire au four 15 minutes environ. Laissez reposer les biscuits 5 minutes avant de les mettre à refroidir sur des grilles.

Torsades vanille-moka

Pour 32 torsades

Préparation + cuisson 45 minutes

125 g de beurre ramolli
110 g de sucre en poudre
1 œuf
1 c. à c. d'extrait de vanille
250 g de farine ordinaire
2 c. à c. de granules de café lyophilisé
2 c. à c. d'eau bouillante
2 c. à s. de cacao en poudre

1. Préchauffez le four à 180 °C. Chemisez des plaques de cuisson de papier sulfurisé.

2. Battez le beurre, le sucre, l'œuf et l'extrait de vanille dans un petit saladier avec un batteur électrique jusqu'à ce que le mélange soit homogène. Incorporez la farine tamisée, en deux fois.

3. Divisez le pâton en deux. Incorporez le café et l'eau préalablement mélangés ainsi que le cacao tamisé à une des deux moitiés pour obtenir une pâte au moka.

4. Divisez les deux moitiés en quatre morceaux de taille égale. Façonnez un boudin de 40 cm avec chacun. Tressez un boudin nature avec un boudin au moka, puis détaillez en tronçons de 5 cm. Répétez l'opération avec le reste de pâte nature et de pâte au moka.

5. Disposez les torsades à 2,5 cm de distance sur les plaques. Enfournez pour 15 minutes environ. Laissez refroidir sur les plaques.

Ces torsades se conservent dans un récipient hermétique jusqu'à une semaine.

Cookies à la banane, au caramel et aux dattes

Pour 36 cookies

Préparation + cuisson 45 minutes

125 g de beurre ramolli
220 g de cassonade
1 jaune d'œuf
100 g de banane écrasée
300 g de farine ordinaire
½ c. à c. de bicarbonate de soude
75 g de dattes séchées dénoyautées,
    finement hachées
18 caramels mous coupés en deux

1. Préchauffez le four à 180 °C. Chemisez des plaques de cuisson de papier sulfurisé.

2. Battez le beurre, la cassonade et le jaune d'œuf dans un petit saladier avec un batteur électrique jusqu'à ce que le mélange soit homogène, puis transvasez-le dans un grand saladier. Incorporez la banane, puis la farine et le bicarbonate de soude tamisés, et enfin les dattes.

3. Façonnez en boules des cuillerées à soupe de pâte. Enfoncez un morceau de caramel au centre de chaque boule et recouvrez-le de pâte. Disposez les boules sur les plaques à environ 5 cm de distance. Passez 20 minutes au four. Laissez refroidir sur les plaques.

Ces cookies se conservent dans un récipient hermétique jusqu'à une semaine.

Tic-tac-toe chocolat-vanille

Pour 30 biscuits

Préparation + cuisson 40 minutes + réfrigération

125 g de beurre ramolli
110 g de sucre en poudre
1 œuf
1 c. à c. d'extrait de vanille
250 g de farine ordinaire
2 c. à s. de cacao en poudre
2 c. à c. de lait
50 g de pépites de chocolat blanc
50 g de pépites de chocolat noir

1. Préchauffez le four à 180 °C. Chemisez des plaques de cuisson de papier sulfurisé.

2. Battez le beurre, le sucre, l'œuf et l'extrait de vanille dans un petit saladier avec un batteur électrique jusqu'à ce que le mélange soit homogène. Incorporez la farine tamisée, en deux fois.

3. Divisez la pâte en deux. Mélangez le cacao tamisé et le lait avec la moitié de la pâte. Couvrez et placez la pâte au réfrigérateur pendant 30 minutes.

4. Abaissez les morceaux de pâte à 5 mm d'épaisseur, entre deux feuilles de papier sulfurisé. Découpez 15 disques de 6 cm dans chaque morceau. Répartissez-les sur les plaques à 2,5 cm de distance environ.

5. Disposez les pépites de chocolat blanc sur les disques au chocolat en formant une croix, et les pépites de chocolat noir sur les disques à la vanille pour former des zéros. Enfournez pour 15 minutes environ puis laissez refroidir sur les plaques.

Il vous faudra 96 pépites de chocolat blanc et 96 de chocolat noir pour former les croix et les zéros. Conservez les biscuits dans un récipient hermétique jusqu'à une semaine.

Carrés à la citronnelle, au gingembre et au sésame

Pour 32 biscuits

Préparation + cuisson 30 minutes + réfrigération

125 g de beurre ramolli
130 g de sucre de palme râpé
½ c. à c. de cardamome moulue
½ c. à c. de cannelle moulue
1 pincée de muscade moulue
1 pincée de clou de girofle moulu
2 jaunes d'œufs
225 g de farine ordinaire
1 tige de citronnelle fraîche de 10 cm (20 g) finement hachée
2 c. à s. de gingembre confit finement haché
barres au sésame

1. Battez le beurre, le sucre de palme, les épices et les jaunes d'œufs dans un petit saladier avec un batteur électrique jusqu'à ce que le mélange soit homogène. Incorporez la farine tamisée, la citronnelle et le gingembre.

2. Pétrissez la pâte sur un plan de travail fariné jusqu'à ce qu'elle soit lisse. Abaissez-la à 5 mm d'épaisseur entre deux feuilles de papier sulfurisé. Réfrigérez 30 minutes.

3. Préchauffez le four à 160 °C. Graissez des plaques de cuisson et chemisez-les de papier sulfurisé.

4. Découpez 16 carrés dans la pâte à l'aide d'un emporte-pièce carré de 9 cm. Coupez-les en deux pour obtenir 32 rectangles. Disposez-les à environ 5 cm de distance sur les plaques de cuisson. Enfournez pour 12 minutes.

5. Coupez les barres au sésame en morceaux de la taille des rectangles. Recouvrez chaque biscuit chaud d'un morceau de barre au sésame et passez 3 minutes au four. Laissez refroidir sur les plaques.

Tuiles à la noix de coco et au sésame

Pour 28 tuiles

Préparation + cuisson 1 heure

1 c. à c. de miel
20 g de beurre
1 blanc d'œuf
2 c. à s. de sucre en poudre
2 c. à s. de farine
1 c. à s. de noix de coco râpée
2 c. à c. de graines de sésame

1. Mélangez le miel et le beurre dans une petite casserole à feu doux jusqu'à ce que le mélange soit homogène. Laissez refroidir.

2. Préchauffez le four à 160 °C. Chemisez deux plaques de cuisson de papier sulfurisé. Tracez quatre cercles de 7,5 cm sur chaque feuille, puis retournez-les.

3. Battez le blanc d'œuf dans un petit saladier avec un batteur électrique jusqu'à la formation de pics souples. Ajoutez progressivement le sucre, en battant jusqu'à ce qu'il soit dissous. Incorporez la farine tamisée et le mélange au beurre.

4. Remplissez les cercles en étalant des cuillerées à café de pâte. Parsemez du mélange de noix de coco et de sésame.

5. Faites cuire une plaque de tuiles à la fois pendant environ 5 minutes, puis retirez-les immédiatement de la plaque avec une spatule en métal. Laissez refroidir les tuiles sur un rouleau à pâtisserie.

Si cela vous semble plus facile, ne faites cuire que deux tuiles par plaque, en réutilisant la même feuille de papier sulfurisé. Conservez les tuiles dans un récipient hermétique jusqu'à une semaine.

Galettes aux cacahuètes

Pour 30 galettes

Préparation + cuisson 35 minutes + réfrigération

110 g de farine à levure incorporée
¼ de c. à c. de bicarbonate de soude
½ c. à c. de cannelle moulue
45 g de flocons d'avoine
25 g de noix de coco râpée
1 c. à c. de zeste de citron finement râpé
140 g de beurre de cacahuète avec morceaux
165 g de sucre en poudre
1 c. à s. de golden syrup
2 c. à s. d'eau froide, environ

1. Mixez la farine, le bicarbonate de soude, la cannelle, les flocons d'avoine, la noix de coco, le zeste de citron et le beurre de cacahuète jusqu'à l'obtention d'une consistance sableuse. Ajoutez le sucre, le golden syrup et assez d'eau pour obtenir une pâte ferme. Pétrissez-la légèrement sur un plan de travail fariné jusqu'à ce qu'elle soit lisse. Couvrez et réfrigérez 30 minutes.

2. Préchauffez le four à 180 °C. Graissez des plaques de cuisson.

3. Divisez le pâton en deux. Abaissez chaque morceau à 5 mm d'épaisseur entre deux feuilles de papier sulfurisé. Découpez des disques de 6 cm dans la pâte. Disposez-les sur les plaques à 2,5 cm de distance et faites-les cuire au four 10 minutes environ. Laissez reposer sur les plaques 5 minutes avant de mettre à refroidir sur une grille.

Conservez les galettes dans un récipient hermétique jusqu'à une semaine.

Pâte à sablés basique

Pour 1 mesure

Préparation 15 minutes

Battez 250 g de beurre ramolli, 55 g de sucre en poudre et 1 cuillerée à café d'extrait de vanille dans un petit saladier avec un batteur électrique jusqu'à l'obtention d'une pâte lisse. Transvasez-la dans un grand saladier puis incorporez 225 g de farine tamisée, en deux fois.

Sablés chocolat-menthe

Pour 24 sablés

Préparation + cuisson 35 minutes

1. Hachez finement 2 Peppermint crisp bars de 35 g (si vous n'en trouvez pas, utilisez du chocolat noir parfumé à la menthe).

2. Préchauffez le four à 180 °C. Chemisez des plaques de cuisson de papier sulfurisé.

3. Préparez 1 mesure de pâte à sablés basique (voir ci-dessus), en remplaçant le sucre en poudre par 55 g de cassonade. Incorporez 2 cuillerées à soupe de cacao en poudre tamisé avec 1 pincée de bicarbonate de soude. Façonnez en boules des cuillerées à soupe de pâte. Disposez les boules à environ 5 cm de distance sur les plaques et aplatissez-les avec le dos d'une cuillère. Passez au four 15 minutes environ. Saupoudrez immédiatement les biscuits chauds de barres de chocolat hachées. Laissez refroidir sur les plaques.

Sablés pour le café

Pour 32 sablés

Préparation + cuisson 40 minutes

1. Préchauffez le four à 160 °C. Chemisez des plaques de cuisson de papier sulfurisé.

2. Préparez 1 mesure de pâte à sablés basique (voir page 48). Incorporez-y 4 cuillerées à café de granules de café lyophilisé dissous dans 1 cuillerée à café d'eau bouillante. Garnissez une poche à douille munie d'un embout cannelé de 2 cm de la préparation. Formez des tronçons de 6 cm et disposez-les sur les plaques à 2,5 cm de distance. Saupoudrez de 1 cuillerée à soupe de sucre demerara ou cristallisé. Faites cuire 15 minutes environ. Laissez refroidir sur les plaques.

Sablés au gingembre, au citron vert et à la noix de cajou

Pour 30 sablés

Préparation + cuisson 50 minutes

1. Préchauffez le four à 160 °C. Chemisez des plaques de cuisson de papier sulfurisé.

2. Préparez une mesure de pâte à sablés basique (voir page 48). Incorporez 2 cuillerées à café de zeste de citron vert finement râpé, 2 cuillerées à soupe de gingembre confit finement haché, 90 g d'amandes en poudre, 2 cuillerées à café de gingembre moulu et 35 g de noix de cajou grillées non salées, finement hachées. Façonnez des petits tas avec des cuillerées à soupe de pâte sur les plaques à environ 2,5 cm de distance. Décorez chacun d'une noix de cajou non salée, grillée, entière. Enfournez pour environ 25 minutes. Laissez refroidir sur les plaques.

Cookies aux flocons d'avoine et aux carottes

Pour 44 cookies

Préparation + cuisson 35 minutes

125 g de beurre ramolli
220 g de cassonade
1 jaune d'œuf
70 g de carottes grossièrement râpées
225 g de farine ordinaire
½ c. à c. de bicarbonate de soude
1 c. à c. de cannelle moulue
90 g de flocons d'avoine
1 c. à s. de lait (environ)

1. Préchauffez le four à 180 °C. Chemisez des plaques de cuisson de papier sulfurisé.

2. Battez le beurre, la cassonade et le jaune d'œuf dans un petit saladier avec un batteur électrique jusqu'à ce que le mélange soit homogène. Incorporez les carottes, puis la farine et le bicarbonate de soude tamisés, et la cannelle. Incorporez les flocons d'avoine et assez de lait pour obtenir une pâte ferme.

3. Façonnez en boules des cuillerées à café bombées de pâte. Disposez-les à environ 5 cm de distance sur les plaques et aplatissez-les légèrement. Faites cuire 15 minutes environ puis laissez refroidir sur les plaques.

Conservez les cookies dans un récipient hermétique jusqu'à une semaine.

Biscuits au gingembre

Pour 24 biscuits

Préparation + cuisson 50 minutes

125 g de beurre doux ramolli
110 g de cassonade
1 jaune d'œuf
375 g de farine ordinaire
1 c. à c. de bicarbonate de soude
3 c. à c. de gingembre moulu
175 g de golden syrup
1 c. à s. de billes de sucre roses

Glaçage royal
1 blanc d'œuf
240 g de sucre glace
4 gouttes de jus de citron
colorant alimentaire jaune et rose

1. Préchauffez le four à 180 °C. Chemisez des plaques
de cuisson de papier sulfurisé.

2. Battez le beurre, la cassonade et le jaune d'œuf dans un petit saladier avec un batteur électrique jusqu'à ce que le mélange soit homogène. Transvasez
dans un grand saladier. Incorporez les ingrédients secs tamisés et le golden syrup, en deux fois.

3. Pétrissez doucement la pâte sur un plan de travail fariné jusqu'à ce qu'elle soit lisse. Divisez le pâton en deux. Abaissez chaque morceau à 5 mm d'épaisseur entre deux feuilles de papier sulfurisé. Découpez 6 formes de filles et 6 de garçon, de 12 cm, et 12 fleurs de 6 cm. Disposez-les sur les

plaques à 2,5 cm de distance. Passez au four 10 minutes environ. Laissez refroidir sur les plaques.

4. Pendant ce temps, préparez le glaçage royal.

5. À l'aide des photos de cette page, décorez les biscuits avec le glaçage en utilisant les trois couleurs. Parsemez le centre des fleurs de billes de sucre roses. Laissez prendre à température ambiante.

Glaçage royal
Battez le blanc d'œuf dans un petit saladier avec un batteur électrique. Ajoutez progressivement le sucre glace tamisé, tout en battant. Quand le mélange a atteint la bonne consistance, incorporez le jus de citron en battant. Répartissez le glaçage dans trois récipients ; colorez-en une partie en jaune, l'autre en rose, et laissez la dernière telle quelle.

Ces biscuits peuvent être conservés dans un récipient hermétique pendant au moins une semaine.

Vous pouvez découper les formes que vous souhaitez dans la pâte. Faites attention à ne pas trop cuire les biscuits ; ils doivent être encore mous au toucher après la cuisson et vont devenir croustillants en refroidissant.

Biscuits de bébé

Pour 12 biscuits

Préparation + cuisson 50 minutes + réfrigération

125 g de beurre ramolli
2 c. à c. de zeste d'orange finement râpé
55 g de sucre en poudre
1 jaune d'œuf
150 g de farine ordinaire
2 c. à s. de farine à levure incorporée
35 g de fécule de maïs
60 g d'amandes en poudre
1 c. à s. de lavande ou de boutons de rose séchés, finement hachés

Glaçage au citron
1 blanc d'œuf
240 g de sucre glace
2 c. à c. de farine ordinaire
2 c. à c. de jus de citron, environ
colorant alimentaire bleu

Glaçage royal
240 g de sucre glace
1 blanc d'œuf
colorant alimentaire bleu

1. Battez le beurre, le zeste d'orange, le sucre et le jaune d'œuf dans un petit saladier avec un batteur électrique. Incorporez les deux farines et la fécule de maïs tamisées, les amandes et la lavande ou les boutons de rose. Pétrissez la pâte sur un plan de travail fariné jusqu'à ce qu'elle soit lisse. Abaissez-la entre deux feuilles de papier sulfurisé à 5 mm d'épaisseur. Couvrez et placez 30 minutes au réfrigérateur.

2. Préchauffez le four à 180 °C. Graissez des plaques de cuisson et chemisez-les de papier sulfurisé. À l'aide d'un emporte-pièce en forme de biberon et un autre en forme de landau, de 12,5 cm, découpez 7 formes de chaque dans la pâte. Disposez-les sur les plaques à environ 3 cm de distance. Passez environ 12 minutes au four puis laissez refroidir sur des grilles.

3. Préparez le glaçage au citron. Étalez-le uniformément sur les biscuits.

4. Préparez le glaçage royal. Servez-vous-en pour décorer les biscuits.

Glaçage au citron
Mettez le blanc d'œuf dans un petit récipient et incorporez la moitié du sucre glace tamisé. Incorporez le reste du sucre glace, la farine et assez de jus de citron pour que le glaçage soit épais et puisse être étalé. Répartissez le glaçage dans deux récipients. Colorez-en la moitié en bleu.

Glaçage royal
Battez le blanc d'œuf dans un petit saladier avec un batteur électrique. Incorporez le sucre glace tamisé tout en battant, 1 cuillerée à soupe à la fois. Répartissez le glaçage dans deux récipients. Colorez-en la moitié en bleu. Couvrez bien de film alimentaire.

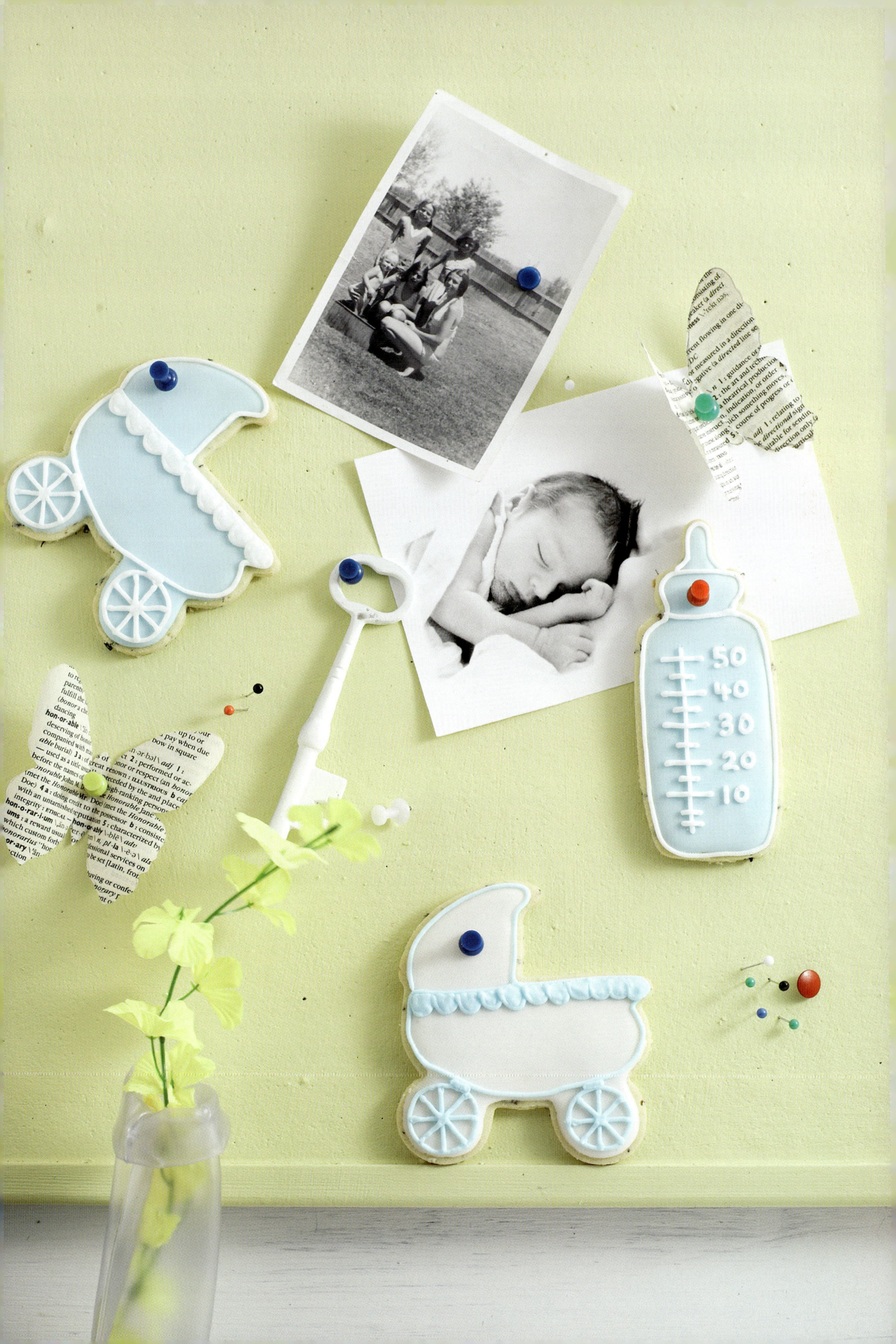
50
40
30
20
10

Sablés traditionnels écossais (shortbreads)

Pour 24 shortbreads

Préparation + cuisson 1 heure

250 g de beurre ramolli
75 g de sucre en poudre
1 c. à s. d'eau
300 g de farine ordinaire
90 g de farine de riz
2 c. à s. de sucre cristallisé

1. Préchauffez le four à 160 °C. Graissez deux plaques de cuisson.

2. Battez le beurre et le sucre en poudre dans un saladier avec un batteur électrique jusqu'à ce que le mélange soit clair et mousseux. Incorporez l'eau et les deux farines tamisées, en deux fois. Pétrissez le mélange sur un plan de travail fariné jusqu'à obtention d'une pâte lisse.

3. Divisez le pâton en deux. Façonnez chaque moitié en un disque de 20 cm et mettez-en un sur chaque plaque. Tracez 12 parts sur chaque disque, et piquez-les avec une fourchette. Pincez les bords avec les doigts puis saupoudrez de sucre cristallisé.

4. Enfournez pour 40 minutes, puis laissez reposer 5 minutes. Découpez les parts avec un couteau aiguisé en suivant les lignes tracées. Laissez refroidir sur les plaques.

Vous pouvez utiliser du riz blanc moulu à la place de la farine de riz, bien que sa texture soit légèrement moins fine. Conservez les sablés dans un récipient hermétique jusqu'à une semaine.

Galettes complètes au chocolat

Pour 18 galettes

Préparation + cuisson 50 minutes
+ réfrigération et repos

90 g de beurre ramolli
110 g de cassonade
1 œuf
20 g de noix de coco râpée

35 g de germes de blé
100 g de farine complète
50 g de farine blanche à levure incorporée
185 g de chocolat noir fondu

1. Battez le beurre et la cassonade dans un petit saladier avec un batteur électrique jusqu'à ce que le mélange soit homogène. Ajoutez l'œuf et battez bien. Incorporez la noix de coco, les germes de blé et les deux farines tamisées.

2. Abaissez la pâte entre deux feuilles de papier sulfurisé à 5 mm d'épaisseur. Disposez-la sur un plateau puis réfrigérez-la 30 minutes.

3. Préchauffez le four à 180 °C. Chemisez des plaques de cuisson de papier sulfurisé.

4. Découpez des disques de 7,5 cm dans la pâte. Disposez-les à environ 2,5 cm de distance sur les plaques. Enfournez pour 20 minutes environ puis laissez refroidir sur les plaques.

5. Nappez un côté des biscuits de chocolat et tracez des sillons avec une fourchette. Laissez prendre à température ambiante.

Par temps frais, conservez les biscuits dans un récipient hermétique à température ambiante ; s'il fait chaud, conservez-les au réfrigérateur.

Biscuits aux noix de pécan

Pour 30 biscuits

Préparation + cuisson 35 minutes

200 g de beurre ramolli
½ c. à c. d'extrait de vanille
220 g de cassonade
60 g de noix de pécan grossièrement broyées
1 œuf
260 g de farine ordinaire
½ c. à c. de bicarbonate de soude

1. Préchauffez le four à 170 °C. Beurrez et chemisez de papier sulfurisé deux plaques de cuisson.

2. Battez le beurre, l'extrait de vanille, la cassonade et l'œuf jusqu'à obtenir un mélange léger et mousseux. Ajoutez les noix de pécan. Incorporez en deux fois la farine et le bicarbonate de soude tamisés.

3. Roulez en boules des cuillerées de pâte et disposez-les sur les plaques, à 3 cm de distance. Faites-les cuire 15 minutes au four. Laissez les biscuits refroidir sur les plaques.

Biscuits à la poire et au gingembre

Pour 30 biscuits

Préparation + cuisson 35 minutes

200 g de beurre ramolli
½ c. à c. d'extrait de vanille
160 g de sucre glace
1 œuf
35 g de poires séchées, détaillées en petits dés
55 g de gingembre confit, détaillé en cubes
45 g de flocons d'avoine
260 g de farine ordinaire
½ c. à c. de bicarbonate de soude

1. Préchauffez le four à 170 °C. Beurrez et chemisez deux plaques de cuisson de papier sulfurisé.

2. Battez le beurre, l'extrait de vanille, le sucre glace tamisé et l'œuf jusqu'à obtenir un mélange léger et mousseux. Ajoutez les poires séchées, le gingembre confit et les flocons d'avoine. Incorporez en deux fois la farine et le bicarbonate de soude tamisés.

3. Roulez en boules des cuillerées de pâte et disposez-les sur les plaques, à 3 cm de distance. Faites-les cuire 15 minutes au four. Laissez les biscuits refroidir sur les plaques.

Biscuits complets

Pour 30 biscuits

Préparation + cuisson 30 minutes + réfrigération

150 g de farine ordinaire
60 g de son complet
60 g de flocons d'avoine
½ c. à c. de bicarbonate de soude
60 g de beurre coupé en cubes
110 g de sucre en poudre
1 œuf
2 c. à s. d'eau

1. Travaillez en chapelure la farine, le son, les flocons d'avoine, le bicarbonate de soude et le beurre. Ajoutez le sucre, l'œuf et suffisamment d'eau pour obtenir une pâte ferme. Pétrissez-la sur un plan de travail légèrement fariné pour qu'elle soit lisse. Couvrez-la et réfrigérez-la 30 minutes.

2. Préchauffez le four à 180 °C. Beurrez des plaques de cuisson et chemisez-les de papier sulfurisé.

3. Divisez la pâte en deux. Abaissez chaque moitié entre deux feuilles de papier sulfurisé jusqu'à une épaisseur de 5 mm environ. Découpez des disques de 7 cm de diamètre et placez-les sur les plaques, à 7 cm de distance. Passez-les 15 minutes au four. Laissez les biscuits reposer 5 minutes sur les plaques avant de les mettre à refroidir sur une grille.

Procurez-vous, pour cette recette, des flocons d'avoine naturels et non pas une préparation instantanée.

Palets aux pépites de chocolat

Pour 24 palets

Préparation + cuisson 30 minutes

125 g de beurre ramolli
½ c. à c. d'extrait de vanille
75 g de sucre en poudre
75 g de cassonade
1 œuf
150 g de farine ordinaire
½ c. à c. de bicarbonate de soude
150 g de chocolat blanc
    cassé en gros morceaux
50 g de noix grossièrement broyées

1. Préchauffez le four à 180 °C. Beurrez deux plaques de cuisson et chemisez-les de papier sulfurisé. Lissez en pommade le beurre, l'extrait de vanille, le sucre, la cassonade et l'œuf, sans trop fouetter. Incorporez la farine et le bicarbonate de soude tamisés, puis le chocolat blanc et les noix.

2. Faites tomber des cuillerées de pâte sur les plaques en les espaçant de 5 cm. Passez les palets 15 minutes au four. Laissez-les refroidir sur les plaques.

Palets croquants au muesli

Pour 36 palets

Préparation + cuisson 40 minutes

90 g de flocons d'avoine
150 g de farine ordinaire
220 g de sucre en poudre
2 c. à c. de cannelle moulue
35 g de raisins secs
55 g d'abricots secs détaillés en dés
70 g d'amandes effilées
125 g de beurre
2 c. à s. de golden syrup
½ c. à c. de bicarbonate de soude
1 c. à s. d'eau bouillante

1. Préchauffez le four à 150 °C. Beurrez des plaques de cuisson et chemisez-les de papier sulfurisé.

2. Mélangez dans un saladier les flocons d'avoine, la farine, le sucre, la cannelle, les fruits secs et les amandes.

3. Faites fondre à feu doux le beurre et le golden syrup. Ajoutez le bicarbonate de soude délayé dans l'eau bouillante. Incorporez cette préparation aux ingrédients secs.

4. Façonnez en boules des cuillerées rases de pâte et déposez-les sur les plaques, à 5 cm de distance. Aplatissez-les à la main. Passez les palets 20 minutes au four, puis laissez-les refroidir sur les plaques.

Bouchées aux noix de pécan

Pour 30 bouchées

Préparation + cuisson 35 minutes

2 c. à s. de golden syrup
40 g de noix de pécan finement broyées
125 g de beurre ramolli
¼ de c. à c. d'extrait de vanille
75 g de sucre en poudre
1 jaune d'œuf
150 g de farine ordinaire

1. Préchauffez le four à 180 °C. Beurrez deux plaques de cuisson et chemisez-les de papier sulfurisé.

2. Dans un saladier, mélangez les noix de pécan avec la moitié du golden syrup.

3. Battez le beurre, l'extrait de vanille, le sucre, le reste du golden syrup et le jaune d'œuf jusqu'à obtenir un mélange homogène. Incorporez la farine tamisée.

4. Prélevez des cuillerées à café bombées de pâte et formez des boudins de 12 cm de long que vous roulez en spirales. Déposez les bouchées sur les plaques, à 3 cm de distance. Décorez-les de noix de pécan au sirop et faites cuire 10 minutes au four. Laissez refroidir sur les plaques.

Amandins au café

Pour 24 amandins

Préparation + cuisson 30 minutes

1 c. à s. de café soluble
3 c. à c. d'eau chaude
360 g d'amandes en poudre
220 g de sucre en poudre
2 c. à s. de liqueur au café
3 blancs d'œufs légèrement battus
24 grains de café enrobés de chocolat

1. Préchauffez le four à 180 °C. Beurrez deux plaques de cuisson et chemisez-les de papier sulfurisé.

2. Faites dissoudre le café dans l'eau chaude et versez-le dans un saladier. Ajoutez les amandes en poudre, le sucre, la liqueur et les blancs d'œufs. Mélangez afin d'obtenir une pâte ferme.

3. Façonnez en boules des cuillerées à soupe rases de pâte. Disposez-les sur les plaques, à 3 cm de distance. Aplatissez-les à la main. Enfoncez un grain de café au centre et faites cuire 15 minutes au four. Laissez refroidir sur les plaques.

Craquelins au chocolat

Pour 24 craquelins

Préparation + cuisson 45 minutes + réfrigération

100 g de chocolat noir de dégustation cassé en gros morceaux
80 g de beurre coupé en cubes
220 g de sucre en poudre
1 œuf légèrement battu
150 g de farine ordinaire
2 c. à s. de cacao en poudre
¼ de c. à c. de bicarbonate de soude
40 g de sucre glace

1. Faites fondre le chocolat et le beurre à feu doux. Versez le mélange dans un saladier.

2. Incorporez le sucre en poudre et l'œuf, puis la farine tamisée, le cacao en poudre et le bicarbonate de soude. Couvrez et réfrigérez 15 minutes jusqu'à ce que le mélange soit suffisamment ferme.

3. Préchauffez le four à 180 °C. Beurrez deux plaques de cuisson et chemisez-les de papier sulfurisé.

4. Façonnez en boules des cuillerées rases de pâte. Roulez-les une à une dans le sucre glace et disposez-les sur les plaques, à 8 cm de distance. Faites cuire 15 minutes au four. Laissez refroidir sur les plaques.

Biscuits fourrés

Biscuits fourrés vanille-framboise

Pour 25 biscuits

Préparation + cuisson 1 heure

185 g de beurre ramolli
1 c. à c. d'extrait de vanille
110 g de cassonade
1 œuf
185 g de farine à levure incorporée
110 g de farine ordinaire
40 g de noix de coco râpée
80 g de confiture de framboises

Garniture à la crème
60 g de beurre
½ c. à c. d'extrait de vanille
120 g de sucre glace
2 c. à c. de lait

1. Préchauffez le four à 180 °C. Graissez des plaques de cuisson.

2. Battez le beurre, l'extrait de vanille, la cassonade et l'œuf dans un petit saladier avec un batteur électrique jusqu'à ce que le mélange soit homogène. Transvasez la préparation dans un grand saladier, incorporez les deux farines tamisées et la noix de coco, en deux fois. Façonnez en ovales des cuillerées à café bombées de la préparation, et disposez-les à environ 2,5 cm de distance sur les plaques. Aplatissez légèrement les biscuits et donnez-leur un aspect rugueux avec une fourchette. Passez environ 12 minutes au four puis laissez refroidir sur des grilles.

3. Préparez la garniture à la crème.

4. Assemblez les biscuits deux par deux avec une couche de crème et une de confiture.

Garniture à la crème
Battez le beurre, l'extrait de vanille et le sucre glace tamisé dans un petit saladier avec un batteur électrique jusqu'à ce que le mélange soit clair et mousseux. Incorporez le lait tout en battant.

Les biscuits non fourrés se gardent dans un récipient hermétique jusqu'à une semaine. Les biscuits fourrés se conservent quelques jours dans un récipient hermétique au réfrigérateur.

Délices fondants au citron

Pour 25 biscuits

Préparation + cuisson 40 minutes

250 g de beurre ramolli
1 c. à c. d'extrait de vanille
80 g de sucre glace
225 g de farine ordinaire
75 g de fécule de maïs

Crème au beurre
90 g de beurre
120 g de sucre glace
1 c. à c. de zeste de citron finement râpé
1 c. à c. de jus de citron

1. Préchauffez le four à 160 °C. Chemisez des plaques de cuisson de papier sulfurisé.

2. Battez le beurre, l'extrait de vanille et le sucre glace tamisé dans un petit saladier avec un batteur électrique jusqu'à ce que le mélange soit clair et mousseux. Transvasez la préparation dans un grand saladier et incorporez la farine et la fécule de maïs tamisées, en deux fois.

3. Avec les mains farinées, façonnez en boules des cuillerées à café bombées de pâte. Disposez-les à environ 2,5 cm de distance sur les plaques. Aplatissez-les légèrement avec une fourchette farinée.

4. Passez les biscuits environ 15 minutes au four. Laissez reposer 5 minutes avant de les mettre à refroidir sur des grilles.

5. Préparez la crème au beurre.

6. Assemblez les biscuits deux par deux avec la crème au beurre. Saupoudrez de sucre glace tamisé avant de servir, si vous le souhaitez.

Crème au beurre
Battez le beurre, le sucre glace tamisé et le zeste dans un petit saladier avec un batteur électrique, jusqu'à ce que le mélange soit clair et mousseux. Incorporez le jus de citron tout en battant.

Les biscuits non fourrés se conservent dans un récipient hermétique jusqu'à une semaine. Les biscuits fourrés se gardent quelques jours dans un récipient hermétique au réfrigérateur.

Cornets à la crème fouettée

Pour 32 cornets

Préparation + cuisson 40 minutes

90 g de beurre
110 g de cassonade
115 g de golden syrup
1 c. à c. de gingembre moulu
100 g de farine ordinaire
1 c. à c. de jus de citron
300 ml de crème liquide entière, fouettée

1. Préchauffez le four à 180 °C. Graissez des plaques de cuisson.

2. Mélangez le beurre, la cassonade, le golden syrup et le gingembre dans une casserole moyenne à feu doux, jusqu'à ce que le mélange soit homogène. Retirez du feu. Incorporez la farine tamisée et le jus de citron.

3. Déposez des cuillerées à café bombées de pâte sur les plaques, à environ 5 cm de distance. Aplatissez-les avec une fine spatule métallique mouillée pour obtenir des disques de 8 cm. Passez-les environ 8 minutes au four, ou jusqu'à ce qu'ils dorent et fassent des bulles.

4. Glissez une spatule en métal fine sous chaque disque et formez rapidement un cornet. Laissez refroidir sur une grille. Fourrez les cornets de crème fouettée juste avant de servir.

Faites cuire la première plaque de cornets et, pendant ce temps, préparez la plaque suivante. Enfournez-les en sortant la première plaque. Pour vous faciliter la tâche, disposez 4 cornets par plaque. Les cornets sont meilleurs préparés un jour avant d'être servis.

Sablés au chocolat et caramel

Pour 9 sablés fourrés

Préparation + cuisson 25 minutes + réfrigération

18 sablés ronds
185 g de chocolat noir cassé en morceaux
2 c. à c. d'huile végétale

Garniture au caramel
110 g de cassonade
60 g de beurre coupé en morceaux
2 c. à c. d'eau
1 ½ c. à s. de fécule de maïs
125 ml de lait
1 jaune d'œuf
1 c. à c. d'extrait de vanille

1. Préparez la garniture au caramel.

2. Étalez la garniture au caramel sur la moitié des sablés. Recouvrez de l'autre moitié des sablés. Couvrez et placez 1 heure au réfrigérateur.

3. Faites fondre le chocolat dans un petit récipient résistant à la chaleur placé au-dessus d'une casserole d'eau frémissante (la base du récipient ne doit pas toucher l'eau). Retirez du feu et incorporez l'huile.

4. Plongez une moitié des biscuits dans le chocolat fondu. Laissez prendre à température ambiante.

Garniture au caramel
Mettez la cassonade, le beurre et l'eau dans une petite casserole. Remuez sur le feu jusqu'à ce que le sucre soit dissous. Incorporez la fécule de maïs et le lait préalablement mélangés. Remuez sur le feu jusqu'à ce que le mélange bouillonne et épaississe. Retirez du feu ; ajoutez le jaune d'œuf et l'extrait de vanille tout en fouettant. Recouvrez avec précaution la surface du caramel de film alimentaire et réfrigérez 3 heures ou toute la nuit.

Conservez les biscuits fourrés et nappés de chocolat dans un récipient hermétique au réfrigérateur jusqu'à une semaine.

Biscuits au citron vert et au gingembre

Pour 18 biscuits fourrés

Préparation + cuisson 35 minutes + refroidissement

125 g de beurre ramolli
110 g de cassonade
1 œuf
35 g de farine ordinaire
35 g de farine à levure incorporée
110 g de fécule de maïs
2 c. à c. de gingembre moulu
½ c. à c. de cannelle moulue
¼ de c. à c. de clous de girofle moulus

Crème au beurre et au citron vert
60 g de beurre ramolli
2 c. à c. de zeste de citron vert finement râpé
120 g de sucre glace
2 c. à c. de lait

1. Préchauffez le four à 180 °C. Chemisez des plaques de cuisson de papier sulfurisé.

2. Battez le beurre, la cassonade et l'œuf dans un petit saladier avec un batteur électrique jusqu'à ce que le mélange soit homogène. Incorporez les ingrédients secs tamisés.

3. Façonnez en boules des cuillerées à café bombées de pâte. Disposez-les sur les plaques à environ 5 cm de distance. Faites cuire environ 10 minutes, puis laissez refroidir sur les plaques.

4. Préparez la crème au beurre et au citron vert. Assemblez les biscuits deux par deux avec la crème.

Crème au beurre et au citron vert
Battez le beurre et le zeste de citron dans un petit saladier avec un batteur électrique jusqu'à ce que le mélange soit aussi blanc que possible. Incorporez le sucre glace tamisé et le lait sans cesser de battre, en deux fois.

Les biscuits non fourrés se conservent dans un récipient hermétique jusqu'à une semaine. Les biscuits fourrés se conservent quelques jours dans un récipient hermétique au réfrigérateur.

Biscuits aux dattes épicées

Pour 40 biscuits

Préparation + cuisson 50 minutes + réfrigération

90 g de beurre ramolli
55 g de sucre glace
1 œuf
185 g de farine ordinaire
35 g de farine à levure incorporée
2 c. à s. de lait
2 c. à c. de sucre en poudre

Garniture aux dattes
375 g de dattes séchées dénoyautées, grossièrement hachées
180 ml d'eau
2 c. à c. de poivre de la Jamaïque moulu
¼ de c. à c. de clous de girofle moulus
1 pincée de bicarbonate de soude

1. Battez le beurre et le sucre glace tamisé dans un petit saladier avec un batteur électrique jusqu'à ce que le mélange soit homogène. Ajoutez l'œuf tout en battant. Incorporez les deux farines tamisées, en deux fois, puis couvrez la pâte et placez-la 30 minutes au réfrigérateur.

2. Pendant ce temps, préparez la garniture aux dattes.

3. Préchauffez le four à 180 °C. Chemisez des plaques de cuisson de papier sulfurisé.

4. Abaissez la pâte entre deux feuilles de papier sulfurisé pour obtenir un rectangle de 30 x 40 cm. Découpez 4 bandes de 7,5 x 40 cm. Mettez la garniture dans une poche à douille munie d'un grand embout lisse de 1,5 cm. Répartissez-la au centre de chaque bande. Repliez les bords jusqu'à ce qu'ils se touchent pour recouvrir la garniture. Placez les rouleaux sur une planche à découper, côté soudure vers le bas, et détaillez-les chacun en 10 petits rectangles. Disposez-les sur les plaques, côté soudure vers le bas. Badigeonnez de lait et saupoudrez de sucre en poudre.

5. Faites cuire environ 20 minutes, et laissez refroidir sur les plaques.

Garniture aux dattes
Mettez les dattes et l'eau dans une casserole moyenne. Faites cuire en remuant environ 10 minutes, ou jusqu'à l'obtention d'une consistance épaisse et homogène. Incorporez les épices et le bicarbonate de soude. Laissez refroidir.

Ces biscuits se conservent dans un récipient hermétique à température ambiante jusqu'à une semaine.

Roulés aux dattes et aux noisettes

Pour 28 roulés

Préparation + cuisson 50 minutes + réfrigération

125 g de beurre ramolli
75 g de sucre en poudre
1 c. à c. de cardamome moulue
1 œuf
225 g de farine ordinaire
100 g de noix grillées finement moulues
280 g de dattes séchées grossièrement hachées
55 g de sucre en poudre supplémentaire
2 c. à c. de zeste de citron finement râpé
80 ml de jus de citron
¼ de c. à c. de cardamome moulue supplémentaire
125 ml d'eau

1. Battez le beurre, le sucre, la cardamome et l'œuf dans un petit saladier avec un batteur électrique jusqu'à ce que le mélange soit homogène. Incorporez la farine tamisée et les noix.

2. Pétrissez la pâte sur un plan de travail fariné jusqu'à ce qu'elle soit lisse. Divisez-la en deux morceaux. Abaissez chaque morceau entre deux feuilles de papier sulfurisé pour obtenir des rectangles de 15 x 30 cm. Placez 20 minutes au réfrigérateur.

3. Pendant ce temps, mélangez les dattes, le sucre supplémentaire, le zeste et le jus de citron, la cardamome supplémentaire et l'eau dans une casserole moyenne sur le feu, sans laisser bouillir, jusqu'à ce que le sucre soit dissous. Portez ensuite à ébullition. Baissez le feu et laissez mijoter sans couvrir, en remuant de temps en temps, pendant environ 5 minutes, ou jusqu'à ce que la préparation soit épaisse et pulpeuse. Transvasez dans un grand saladier puis placez 10 minutes au réfrigérateur.

4. Étalez uniformément la garniture sur les deux rectangles, en laissant une marge de 1 cm sur les bords. En vous aidant du papier sulfurisé, formez deux rouleaux serrés en recouvrant la garniture, en partant du côté le plus court. Enveloppez les rouleaux du papier sulfurisé et placez au réfrigérateur pendant 30 minutes.

5. Préchauffez le four à 190 °C. Graissez des plaques de cuisson et chemisez-les de papier sulfurisé.

6. Coupez les extrémités des rouleaux puis détaillez chacun en tranches de 1 cm. Disposez-les sur les plaques, côté coupé vers le bas. Passez 20 minutes au four.

Cœurs au caramel et aux cacahuètes

Pour 16 cœurs

Préparation + cuisson 1 heure
+ réfrigération et refroidissement

125 g de beurre ramolli
110 g de sucre en poudre
1 c. à s. de golden syrup
95 g de beurre de cacahuète avec morceaux
225 g de farine ordinaire
80 ml de confiture de lait
1 c. à s. de sucre glace

1. Battez le beurre, le sucre, le golden syrup et le beurre de cacahuète dans un petit saladier avec un batteur électrique jusqu'à ce que le mélange soit homogène. Incorporez la farine tamisée, en deux fois. Couvrez la pâte et réfrigérez 30 minutes.

2. Préchauffez le four à 180 °C. Chemisez des plaques de cuisson de papier sulfurisé.

3. Abaissez la pâte entre deux feuilles de papier sulfurisé à 5 mm d'épaisseur. Découpez 32 cœurs de 7,5 cm dans la pâte. Disposez-les sur les plaques à 2,5 cm de distance. Découpez des cœurs de 2,5 cm au centre de 16 grands cœurs.

4. Faites cuire les cœurs entiers au four 10 minutes environ, et le reste des cœurs 8 minutes. Laissez refroidir sur les plaques.

5. Tartinez les cœurs entiers de confiture de lait, et recouvrez-les du reste des cœurs. Saupoudrez de sucre glace tamisé.

Les biscuits non fourrés se conservent dans un récipient hermétique jusqu'à une semaine. Les biscuits fourrés se gardent quelques jours dans un récipient hermétique au réfrigérateur.

Galettes fourrées aux canneberges et au chocolat

Pour 25 biscuits fourrés

Préparation + cuisson 45 minutes + réfrigération

90 g de beurre ramolli
55 g de sucre en poudre
1 œuf
1 c. à c. d'extrait de vanille
60 g d'amandes en poudre
110 g de farine ordinaire
25 g de cacao en poudre
35 g de canneberges séchées, finement hachées
2 c. à s. de confiture de canneberges
1 c. à s. de cacao en poudre supplémentaire

Ganache au chocolat
185 g de chocolat noir cassé en morceaux
90 g de beurre coupé en morceaux

1. Battez le beurre, le sucre, l'œuf et l'extrait de vanille dans un petit saladier avec un batteur électrique jusqu'à ce que le mélange soit homogène. Incorporez les amandes en poudre, la farine et le cacao, tamisés, les canneberges séchées et la confiture de canneberges. Couvrez et réfrigérez 1 heure.

2. Préchauffez le four à 180 °C. Chemisez des plaques de cuisson de papier sulfurisé.

3. Abaissez la pâte à 3 mm d'épaisseur entre deux feuilles de papier sulfurisé. Découpez des disques cannelés de 4 cm dans la pâte. Disposez-les sur les plaques à 2,5 cm de distance. Faites cuire environ 8 minutes. Laissez reposer sur les plaques 5 minutes avant de les mettre à refroidir sur une grille.

4. Pendant ce temps, préparez la ganache au chocolat.

5. Versez la ganache dans une poche à douille munie d'un embout cannelé de 2 cm. Répartissez la ganache sur le côté plat de la moitié des biscuits. Recouvrez de l'autre moitié des biscuits. Réfrigérez jusqu'à ce que la ganache soit ferme. Saupoudrez d'un peu de cacao en poudre tamisé avant de servir.

Ganache au chocolat

Mélangez le chocolat et le beurre dans un petit récipient résistant à la chaleur, placé au-dessus d'une casserole d'eau frémissante, jusqu'à ce que le mélange soit homogène. Laissez refroidir. Placez au réfrigérateur 20 minutes environ, ou jusqu'à ce que la ganache puisse être étalée. Battez avec un batteur électrique jusqu'à obtention d'une consistance épaisse et brillante.

Cette pâte est assez souple. Si elle devient difficile à manipuler, abaissez-la puis remettez-la au réfrigérateur pour la raffermir. Les biscuits non fourrés se conservent dans un récipient hermétique jusqu'à une semaine. Les biscuits fourrés se conservent quelques jours dans un récipient hermétique au réfrigérateur.

Galettes aux noisettes fourrées au chocolat et aux framboises

Pour 24 biscuits fourrés

Préparation + cuisson 30 minutes + réfrigération et refroidissement

90 g de beurre ramolli
½ c. à c. d'extrait de vanille
55 g de sucre en poudre
1 œuf
50 g de noisettes en poudre
110 g de farine ordinaire
25 g de cacao en poudre

Garniture chocolat-framboises
90 g de chocolat noir fondu
60 g de beurre ramolli
110 g de pâte à tartiner au chocolat et aux noisettes
35 g de framboises fraîches grossièrement hachées

1. Battez le beurre, l'extrait de vanille, le sucre et l'œuf dans un petit saladier avec un batteur électrique jusqu'à ce que le mélange soit homogène. Incorporez les noisettes, puis la farine et le cacao, tamisés.

2. Divisez la pâte en deux. Abaissez chaque moitié entre deux feuilles de papier sulfurisé à 3 mm d'épaisseur. Réfrigérez 30 minutes.

3. Préchauffez le four à 180 °C. Chemisez des plaques de cuisson de papier sulfurisé.

4. Découpez des disques cannelés de 4 cm dans la pâte. Disposez-les sur les plaques à 2,5 cm de distance. Faites cuire environ 8 minutes puis laissez refroidir sur les plaques.

5. Préparez la garniture chocolat-framboises.

6. Mettez la garniture dans une poche à douille munie d'un embout cannelé de 2 cm. Nappez-en le côté plat de la moitié des biscuits puis recouvrez de l'autre moitié des biscuits.

Garniture chocolat-framboises
Battez le chocolat refroidi, le beurre et la pâte à tartiner dans un petit saladier avec un batteur électrique jusqu'à obtention d'une consistance épaisse et brillante. Incorporez les framboises.

Les biscuits non fourrés se conservent dans un récipient hermétique jusqu'à une semaine. Les biscuits fourrés se conservent dans un récipient hermétique au réfrigérateur pendant quelques jours.

Cornets de glace

Pour 10 cornets

Préparation + cuisson 25 minutes

2 blancs d'œufs
75 g de sucre en poudre
50 g de farine ordinaire
30 g de beurre fondu
½ c. à c. d'extrait de vanille
2 c. à c. de cacao en poudre
glace de votre choix

1. Préchauffez le four à 180 °C. Graissez une plaque de cuisson et chemisez-la de papier sulfurisé. Tracez des cercles de 10 cm sur le papier.

2. Battez les blancs d'œufs dans un petit saladier avec un batteur électrique jusqu'à la formation de pics souples. Incorporez progressivement le sucre, en battant jusqu'à ce qu'il soit dissous après chaque addition. Incorporez la farine tamisée, le beurre et l'extrait de vanille.

3. Mettez environ 60 ml de la préparation dans un petit saladier et incorporez le cacao tamisé. Transvasez dans une poche à douille munie d'un petit embout lisse.

4. Disposez 1 cuillerée à soupe du reste de la préparation au centre de chaque cercle sur la plaque et étalez-la uniformément pour remplir la surface des cercles. Tracez des lignes à travers des cercles avec le mélange au cacao.

5. Faites cuire environ 5 minutes puis, rapidement, soulevez les biscuits de la plaque et formez des cônes. Laissez refroidir sur des grilles puis répétez l'opération avec le reste de la préparation.

6. Juste avant de servir, remplissez les cornets de glace.

Biscuits croquants chocolat-noix de coco

Pour 40 biscuits fourrés

Préparation + cuisson 40 minutes + réfrigération
et refroidissement

125 g de beurre ramolli
165 g de cassonade
1 c. à s. de golden syrup
2 œufs
300 g de farine à levure incorporée
80 g de noix de coco râpée
45 g de flocons d'avoine à cuisson rapide

Ganache au chocolat au lait
185 g de chocolat au lait cassé en morceaux
30 g de beurre

1. Préchauffez le four à 180 °C. Chemisez des plaques
de cuisson de papier sulfurisé.

2. Battez le beurre, la cassonade et le golden syrup
dans un petit saladier avec un batteur électrique
jusqu'à ce que le mélange soit homogène. Ajoutez
les œufs un par un, tout en battant. Incorporez
la farine tamisée, la noix de coco et les flocons
d'avoine.

3. Façonnez en boules des cuillerées à café bombées
de pâte. Disposez-les sur les plaques à environ 5 cm
de distance. Aplatissez-les avec une fourchette.
Passez au four environ 12 minutes puis laissez
refroidir sur les plaques.

4. Pendant ce temps, préparez la ganache.

5. Assemblez les biscuits deux par deux avec
la ganache puis réfrigérez jusqu'à ce que la ganache
soit ferme.

Ganache au chocolat au lait
Mettez le chocolat et le beurre dans un petit
récipient résistant à la chaleur et remuez au-dessus
d'une petite casserole d'eau frémissante jusqu'à
ce que le mélange soit homogène. Laissez refroidir.

*Les biscuits non fourrés se conservent dans
un récipient hermétique jusqu'à une semaine.
Les biscuits fourrés se conservent quelques jours
dans un récipient hermétique au réfrigérateur.*

Galettes fourrées à la guimauve et à la confiture

Pour 16 galettes fourrées

Préparation + cuisson 30 minutes + refroidissement

75 g de sucre en poudre
80 ml d'eau
2 c. à c. de gélatine
110 g de confiture de fraises,
    chaude et passée au tamis
32 biscuits nappés de chocolat au lait
½ c. à c. d'extrait de vanille
colorant alimentaire rose

1. Mettez le sucre et la moitié de l'eau dans une petite casserole. Remuez à feu doux jusqu'à ce que le sucre soit dissous.

2. Mettez la gélatine et le reste d'eau dans un petit verre. Versez le mélange sur le sirop de sucre chaud. Remuez à feu moyen pendant 3 minutes jusqu'à ce que la gélatine soit dissoute. Versez la préparation dans un petit récipient résistant à la chaleur. Laissez refroidir.

3. Étalez la confiture de fraises sur le côté nature de la moitié des biscuits.

4. Pour préparer la guimauve, battez le mélange à la gélatine dans un petit saladier avec un batteur électrique à vitesse élevée, pendant environ 8 minutes, jusqu'à l'obtention d'une consistance très épaisse. Incorporez l'extrait de vanille et quelques gouttes de colorant, tout en battant.

5. Mettez la guimauve dans une poche à douille munie d'un embout lisse de 2 cm. Nappez-en la confiture de fraises, et recouvrez du reste des biscuits.

Si la guimauve prend trop vite, remettez-la dans un récipient avec 1 cuillerée à soupe d'eau bouillante et battez encore 1 minute environ.

Les biscuits non fourrés se conservent dans un récipient hermétique jusqu'à une semaine. Les biscuits fourrés se conservent quelques jours dans un récipient hermétique au réfrigérateur.

Biscuits à la menthe et au chocolat

Pour 48 biscuits

Préparation + cuisson 45 minutes + réfrigération et repos

60 g de beurre ramolli
55 g de sucre en poudre
1 œuf
½ c. à c. d'extrait de vanille
150 g de farine ordinaire
2 c. à s. de cacao en poudre
2 c. à c. de lait, environ
48 chocolats fourrés à la menthe
185 g de chocolat noir fondu

1. Battez le beurre, le sucre, l'œuf et l'extrait de vanille dans un petit saladier avec un batteur électrique jusqu'à ce que le mélange soit homogène. Incorporez la farine et le cacao, tamisés, et assez de lait pour obtenir une pâte ferme. Couvrez la pâte et placez-la 30 minutes au réfrigérateur.

2. Préchauffez le four à 180 °C. Chemisez des plaques de cuisson de papier sulfurisé.

3. Abaissez la pâte entre deux feuilles de papier sulfurisé à 5 mm d'épaisseur. Découpez-y des disques de 3,5 cm. Disposez-les sur les plaques à environ 2,5 cm de distance.

4. Faites cuire environ 10 minutes. Placez immédiatement un chocolat fourré à la menthe sur chaque biscuit et appuyez légèrement. Laissez refroidir les biscuits sur les plaques.

5. Placez les biscuits sur une grille au-dessus d'une plaque de cuisson chemisée de papier sulfurisé. Arrosez de chocolat puis laissez prendre à température ambiante.

Les biscuits non fourrés se conservent dans un récipient hermétique jusqu'à une semaine. Les biscuits fourrés se conservent quelques jours dans un récipient hermétique au réfrigérateur.

Biscuits chocolat-coco fourrés à la menthe

Pour 20 biscuits

Préparation + cuisson 30 minutes + réfrigération

125 g de beurre ramolli
165 g de cassonade
1 œuf
225 g de farine ordinaire
35 g de farine à levure incorporée
2 c. à s. de noix de coco râpée
½ c. à c. d'essence de coco
2 c. à s. de cacao en poudre
40 After Eight

1. Battez le beurre, la cassonade et l'œuf dans un petit saladier
avec un batteur électrique jusqu'à ce que le mélange soit homogène.
Incorporez les deux farines tamisées, en deux fois. Placez la moitié
de la préparation dans un autre petit saladier. Incorporez la noix
de coco et l'essence dans l'un et le cacao tamisé dans l'autre.

2. Pétrissez les deux morceaux de pâte sur un plan de travail fariné
jusqu'à ce qu'ils soient lisses. Abaissez-les à 3 mm d'épaisseur entre
deux feuilles de papier sulfurisé. Couvrez et réfrigérez 30 minutes.

3. Préchauffez le four à 180 °C. Graissez des plaques de cuisson
et chemisez-les de papier sulfurisé.

4. Découpez 30 carrés dans chaque morceau de pâte avec un emporte-
pièce carré. Disposez-les à environ 3 cm de distance sur les plaques.

5. Passez 8 minutes au four. Assemblez les biscuits trois par trois
pendant qu'ils sont encore chauds, en alternant avec des After Eight.
Appuyez doucement, puis laissez refroidir sur les plaques.

Biscotti

Pain aux amandes

Pour 40 tranches

Préparation + cuisson 1 h 35
+ refroidissement et repos

3 blancs d'œufs
110 g de sucre en poudre
150 g de farine ordinaire
120 g d'amandes décortiquées

1. Préchauffez le four à 180 °C. Graissez un moule à pain de 10 x 20 cm.

2. Battez les blancs d'œufs dans un petit saladier avec un batteur électrique jusqu'à la formation de pics souples. Ajoutez progressivement le sucre, en battant jusqu'à ce qu'il soit dissous après chaque addition.

3. Incorporez la farine tamisée et les amandes dans la préparation aux blancs d'œufs puis répartissez-la dans le moule. Faites cuire environ 30 minutes. Laissez refroidir le pain dans le moule, puis sortez-le et enveloppez-le de papier d'aluminium. Laissez reposer toute la nuit.

4. Préchauffez le four à 150 °C.

5. Coupez le pain en tranches très fines avec un couteau aiguisé en dents de scie. Disposez-les sans les superposer sur des plaques de cuisson non graissées. Faites cuire environ 45 minutes jusqu'à ce qu'elles soient sèches et croustillantes.

Le pain aux amandes accompagne parfaitement des desserts comme des mousses, des sorbets ou des glaces. Il se conserve quelques mois dans un récipient hermétique.

Biscotti à l'orange

Pour 60 biscotti

Préparation + cuisson 1 h 25 + refroidissement

220 g de sucre en poudre
2 œufs
200 g de farine ordinaire
50 g de farine à levure incorporée
25 g de cacao en poudre
165 g d'orange confite finement hachée

1. Préchauffez le four à 180 °C. Graissez une plaque de cuisson.

2. Fouettez le sucre et les œufs dans un saladier jusqu'à ce que le mélange soit homogène. Incorporez les deux farines et le cacao, tamisés, puis l'orange confite.

3. Pétrissez la pâte sur un plan de travail fariné jusqu'à ce qu'elle soit lisse. Divisez le pâton en deux et façonnez une bûche de 30 cm avec chaque moitié. Disposez-les sur la plaque. Faites cuire environ 30 minutes, puis laissez refroidir 10 minutes sur la plaque.

4. Baissez la température du four à 150 °C.

5. Découpez les bûches en tranches de 5 mm d'épaisseur, en biais, avec un couteau en dents de scie. Disposez-les, sans les superposer, sur des plaques de cuisson non graissées. Faites cuire les biscotti environ 30 minutes, jusqu'à ce qu'ils soient secs et croustillants, en les retournant à mi-cuisson. Laissez refroidir sur des grilles.

Il vous faudra environ 8 tranches d'orange confite pour cette recette. Les biscotti se conservent dans un récipient hermétique pendant au moins un mois.

Biscotti aux cerises confites

Pour 60 biscotti

Préparation + cuisson 1 h 25 + refroidissement

165 g de sucre en poudre
2 œufs
200 g de farine ordinaire
50 g de farine à levure incorporée
300 g de cerises confites de différentes couleurs,
    coupées en deux
80 g d'amandes mondées

1. Préchauffez le four à 180 °C. Graissez une plaque
de cuisson.

2. Fouettez le sucre et les œufs dans un saladier
jusqu'à ce que le mélange soit homogène.
Incorporez les farines tamisées puis les cerises
et les amandes.

3. Pétrissez la pâte sur un plan de travail fariné
jusqu'à ce qu'elle soit lisse. Divisez le pâton en
deux et façonnez une bûche de 30 cm avec chaque
moitié. Disposez-les sur une plaque. Faites cuire
environ 30 minutes, puis laissez refroidir 10 minutes
sur les plaques.

4. Baissez la température du four à 150 °C.

5. Découpez les bûches en tranches de 5 mm
d'épaisseur, en biais, avec un couteau en dents
de scie. Disposez-les, sans les superposer, sur des
plaques de cuisson non graissées. Faites cuire les
biscotti environ 30 minutes, jusqu'à ce qu'ils soient
secs et croustillants, en les retournant à mi-cuisson.
Laissez refroidir sur des grilles.

Les biscotti se conservent dans un récipient
hermétique pendant au moins un mois.

Biscotti aux agrumes et à la noix de coco

Pour 60 biscotti

Préparation + cuisson 1 h 25 + refroidissement

220 g de sucre en poudre
2 œufs
200 g de farine ordinaire
50 g de farine à levure incorporée
80 g de noix de coco râpée
2 c. à c. de zeste de citron finement râpé
2 c. à c. de zeste de citron vert finement râpé
2 c. à c. de zeste d'orange finement râpé

1. Préchauffez le four à 180 °C. Graissez une plaque de cuisson.

2. Fouettez le sucre et les œufs dans un saladier jusqu'à ce que le mélange soit homogène. Incorporez les deux farines tamisées, puis la noix de coco et les zestes.

3. Pétrissez la pâte sur un plan de travail fariné jusqu'à ce qu'elle soit lisse. Divisez le pâton en deux et façonnez une bûche de 30 cm avec chaque moitié. Disposez-les sur la plaque. Faites cuire environ 30 minutes, puis laissez refroidir 10 minutes sur la plaque.

4. Baissez la température du four à 150 °C.

5. Découpez les bûches en tranches de 5 mm d'épaisseur, en biais, avec un couteau en dents de scie. Disposez-les, sans les superposer, sur des plaques de cuisson non graissées. Faites cuire les biscotti environ 30 minutes, jusqu'à ce qu'ils soient secs et croustillants, en les retournant à mi-cuisson. Laissez refroidir sur des grilles.

Les biscotti se conservent dans un récipient hermétique pendant au moins un mois.

Biscotti à la pomme, aux canneberges et au chocolat blanc

Pour 60 biscotti

Préparation + cuisson 1 h 25 + refroidissement

220 g de sucre en poudre
2 œufs
200 g de farine ordinaire
50 g de farine à levure incorporée
35 g de pomme séchée finement hachée
65 g de canneberges séchées grossièrement hachées
90 g de chocolat blanc grossièrement râpé

1. Préchauffez le four à 180 °C. Graissez une plaque de cuisson.

2. Fouettez le sucre et les œufs dans un saladier jusqu'à ce que le mélange soit homogène. Incorporez les deux farines tamisées, puis la pomme, les canneberges et le chocolat blanc.

3. Pétrissez la pâte sur un plan de travail fariné jusqu'à ce qu'elle soit lisse. Divisez le pâton en deux et façonnez une bûche de 30 cm avec chaque moitié. Disposez-les sur la plaque. Faites cuire environ 30 minutes puis laissez refroidir 10 minutes sur la plaque.

4. Baissez la température du four à 150 °C.

5. Découpez les bûches en tranches de 5 mm d'épaisseur en biais avec un couteau en dents de scie. Disposez-les, sans les superposer, sur des plaques de cuisson non graissées. Faites cuire les biscotti environ 30 minutes, jusqu'à ce qu'ils soient secs et croustillants, en les retournant à mi-cuisson. Laissez refroidir sur des grilles.

Les biscotti se conservent dans un récipient hermétique pendant au moins un mois.

Biscotti aux abricots, aux pistaches et à l'eau de rose

Pour 40 biscotti

Préparation + cuisson 1 h 25 + refroidissement

220 g de sucre en poudre
2 œufs
200 g de farine ordinaire
50 g de farine à levure incorporée
55 g d'abricots secs finement hachés
45 g de pistaches grillées non salées
4 c. à c. d'eau de rose

1. Préchauffez le four à 180 °C. Graissez une plaque de cuisson.

2. Fouettez le sucre et les œufs dans un saladier jusqu'à ce que le mélange soit homogène. Incorporez les deux farines tamisées, puis les abricots, les pistaches et l'eau de rose.

3. Pétrissez la pâte sur un plan de travail fariné jusqu'à ce qu'elle soit lisse. Divisez le pâton en deux et façonnez une bûche de 20 cm avec chaque moitié. Disposez-les sur la plaque. Faites cuire environ 30 minutes, puis laissez refroidir 10 minutes sur la plaque.

4. Baissez la température du four à 150 °C.

5. Découpez les bûches en tranches de 5 mm d'épaisseur, en biais, avec un couteau en dents de scie. Disposez-les, sans les superposer, sur des plaques de cuisson non graissées. Faites cuire les biscotti environ 30 minutes, jusqu'à ce qu'ils soient secs et croustillants, en les retournant à mi-cuisson. Laissez refroidir sur des grilles.

Les biscotti se conservent dans un récipient hermétique pendant au moins un mois.

Biscotti au café et aux noix

Pour 20 biscotti

Préparation + cuisson 1 h 10 + + refroidissement

110 g de sucre en poudre
1 œuf
75 g de farine ordinaire
35 g de farine à levure incorporée
4 c. à c. de granules de café lyophilisé
100 g de noix grossièrement hachées
90 g de chocolat noir fondu

1. Préchauffez le four à 180 °C. Graissez une plaque de cuisson.

2. Fouettez le sucre et l'œuf dans un saladier jusqu'à ce que le mélange soit homogène. Incorporez les deux farines tamisées, puis le café et les noix. Façonnez une bûche de 20 cm avec la pâte et disposez-la sur la plaque. Faites cuire environ 30 minutes, puis laissez refroidir sur la plaque.

3. Baissez la température du four à 150 °C.

4. Découpez la bûche en tranches de 1 cm d'épaisseur, en biais, avec un couteau en dents de scie. Disposez-les, sans les superposer, sur des plaques de cuisson non graissées. Faites cuire les biscotti environ 30 minutes, jusqu'à ce qu'ils soient secs et croustillants, en les retournant à mi-cuisson. Laissez refroidir sur des grilles.

5. Nappez les biscotti de chocolat fondu d'un côté ; laissez prendre à température ambiante.

Les biscotti se conservent dans un récipient hermétique pendant au moins un mois.

Biscotti aux trois chocolats et aux noisettes

Pour 30 biscotti

Préparation + cuisson 1 h 10 + réfrigération + refroidissement

30 g de beurre ramolli
110 g de cassonade
1 c. à c. d'extrait de vanille
3 œufs
110 g de farine ordinaire
35 g de farine à levure incorporée
35 g de cacao en poudre
140 g de noisettes grillées grossièrement hachées
60 g de chocolat noir cassé en petits morceaux
30 g de chocolat au lait cassé en petits morceaux
60 g de chocolat blanc cassé en petits morceaux

1. Battez le beurre, la cassonade et l'extrait de vanille dans un petit saladier avec un batteur électrique jusqu'à ce que le mélange soit homogène. Ajoutez les œufs et battez jusqu'à ce qu'ils soient incorporés (la préparation va coaguler à ce stade mais s'homogénéisera ensuite). Incorporez les ingrédients secs tamisés, puis les noisettes et les trois chocolats. Couvrez la préparation et réfrigérez-la 1 heure.

2. Préchauffez le four à 180 °C. Graissez des plaques de cuisson.

3. Divisez le pâton en deux et façonnez une bûche de 15 cm avec chaque moitié. Disposez les bûches sur les plaques. Faites cuire environ 25 minutes, puis laissez refroidir sur les plaques.

4. Baissez la température du four à 150 °C.

5. Coupez les bûches en tranches de 1 cm d'épaisseur, en biais, avec un couteau en dents de scie. Disposez-les, sans les superposer, sur des plaques de cuisson non graissées. Faites cuire les biscotti environ 30 minutes, jusqu'à ce qu'ils soient secs et croustillants, en les retournant à mi-cuisson. Laissez refroidir sur des grilles.

Les biscotti se conservent dans un récipient hermétique pendant au moins un mois.

Biscotti au citron, au miel et aux pistaches

Pour 40 biscotti

Préparation + cuisson 1 h 10 + refroidissement

110 g de sucre en poudre
1 œuf
75 g de farine ordinaire
35 g de farine à levure incorporée
2 c. à c. de zeste de citron finement râpé
70 g de pistaches grillées non salées
50 g de graines de citrouille décortiquées
35 g de graines de tournesol décortiquées
1 c. à s. de miel
2 c. à c. de sucre en poudre supplémentaire

1. Préchauffez le four à 180 °C. Graissez une plaque de cuisson.

2. Fouettez le sucre et l'œuf dans un saladier. Incorporez les deux farines tamisées et le zeste de citron, puis les pistaches, les graines et le miel. Façonnez une bûche de 20 cm avec la pâte et disposez-la sur la plaque. Saupoudrez du sucre supplémentaire. Faites cuire environ 30 minutes, puis laissez refroidir sur la plaque.

3. Baissez la température du four à 150 °C.

4. Découpez la bûche en tranches de 5 mm d'épaisseur, en biais, avec un couteau en dents de scie. Disposez-les, sans les superposer, sur des plaques de cuisson non graissées. Faites cuire les biscotti environ 20 minutes, jusqu'à ce qu'ils soient secs et croustillants, en les retournant à mi-cuisson. Laissez refroidir sur des grilles.

Les biscotti se conservent dans un récipient hermétique pendant au moins un mois.

Biscotti au pain d'épices

Pour 40 biscotti

Préparation + cuisson 1 h 10 + + refroidissement

110 g de cassonade
1 œuf
75 g de farine ordinaire
35 g de farine à levure incorporée
4 c. à c. de gingembre moulu
1 c. à c. de cannelle moulue
¼ de c. à c. de clous de girofle moulus
115 g de gingembre confit grossièrement haché

Glaçage aux zestes de citron
160 g de sucre glace
½ c. à c. de zeste de citron finement râpé
60 ml de jus de citron

1. Préchauffez le four à 180 °C. Graissez une plaque de cuisson.

2. Fouettez la cassonade et l'œuf dans un saladier jusqu'à ce que le mélange soit homogène. Incorporez les ingrédients secs tamisés, puis le gingembre confit. Façonnez une bûche de 20 cm avec la pâte et disposez-la sur la plaque. Faites cuire environ 30 minutes, puis laissez refroidir sur la plaque.

3. Baissez la température du four à 150 °C.

4. Découpez la bûche en tranches de 5 mm d'épaisseur, en biais, avec un couteau en dents de scie. Disposez-les, sans les superposer, sur des plaques de cuisson non graissées. Faites cuire les biscotti environ 30 minutes, en les retournant à mi-cuisson. Laissez refroidir sur des grilles.

5. Pendant ce temps, préparez le glaçage.

6. Plongez une extrémité de chaque biscotti dans le glaçage puis disposez-les sur un plateau chemisé de papier d'aluminium. Laissez prendre à température ambiante.

Glaçage aux zestes de citron
Mélangez le sucre glace tamisé, le zeste et le jus de citron dans un petit récipient jusqu'à ce que le mélange soit homogène.

Les biscotti se conservent dans un récipient hermétique pendant au moins un mois.

97

Café gourmand

Bâtonnets de meringue aux noisettes et aux amandes

Pour 34 bâtonnets

Préparation + cuisson 40 minutes + refroidissement

3 blancs d'œufs
165 g de sucre en poudre
185 g d'amandes en poudre
120 g de noisettes en poudre
35 g de farine ordinaire
100 g de chocolat noir fondu

1. Préchauffez le four à 160 °C. Graissez des plaques de cuisson puis chemisez-les de papier sulfurisé.

2. Battez les blancs d'œufs dans un petit saladier avec un batteur électrique jusqu'à ce que le mélange mousse. Ajoutez le sucre, 1 cuillerée à soupe à la fois, en battant après chaque addition jusqu'à ce qu'il soit dissous. Transvasez dans un grand saladier.

3. Incorporez les amandes en poudre, les noisettes en poudre et la farine tamisée. Transvasez la préparation dans une grande poche à douille munie d'un embout lisse de 1,5 cm. Formez des bâtonnets de 8 cm sur les plaques.

4. Passez-les 15 minutes au four. Laissez-les refroidir 5 minutes sur les plaques avant de les mettre à refroidir sur des grilles.

5. Versez le chocolat fondu en filet sur les bâtonnets puis laissez prendre sur des plateaux chemisés de papier sulfurisé.

Meringues au citron

Pour 24 meringues

Préparation + cuisson 1 h 50
+ réfrigération et refroidissement

Lemon curd
90 g de beurre doux coupé en morceaux
1 œuf légèrement battu
55 g de sucre en poudre
½ c. à c. de zeste de citron finement râpé
2 c. à s. de jus de citron

2 blancs d'œufs
110 g de sucre en poudre
1 c. à c. de jus de citron

1. Mélangez le beurre, l'œuf, le sucre, le zeste et le jus de citron dans un petit récipient résistant à la chaleur. Placez-le au-dessus d'une petite casserole d'eau frémissante et remuez environ 10 minutes jusqu'à ce que le mélange nappe le dos d'une cuillère. Réfrigérez le lemon curd 3 heures ou toute la nuit.

2. Préchauffez le four à 120 °C. Graissez des plaques de cuisson puis chemisez-les de papier sulfurisé.

3. Battez les blancs d'œufs, le sucre et le jus de citron dans un petit saladier avec un batteur électrique pendant 15 minutes environ jusqu'à ce que le sucre soit dissous.

4. Versez la préparation dans une poche à douille munie d'un embout cannelé de 2 cm. Formez des étoiles sur les plaques, en les espaçant de 2 cm. Faites cuire les meringues 1 heure. Laissez-les refroidir sur les plaques. Assemblez-les deux par deux avec le *lemon curd*.

Meringues aux fruits de la passion

Pour 24 meringues fourrées

Préparation + cuisson 1 h 25 + refroidissement

2 blancs d'œufs
110 g de sucre en poudre
colorant alimentaire jaune
1 c. à c. de pulpe de fruit de la passion
    passée au tamis
1 c. à c. de fécule de maïs

Beurre aux fruits de la passion
60 g de beurre doux ramolli
120 g de sucre glace tamisé
1 c. à s. de pulpe de fruit de la passion

1. Préchauffez le four à 120 °C. Graissez des plaques de cuisson puis chemisez-les de papier sulfurisé.

2. Battez les blancs d'œufs, le sucre en poudre et quelques gouttes de colorant dans un petit saladier avec un batteur électrique pendant environ 15 minutes jusqu'à ce que le sucre soit dissous. Incorporez la pulpe de fruit de la passion et la fécule de maïs.

3. Versez la préparation dans une poche à douille munie d'un embout cannelé de 2 cm. Formez des étoiles de 4 cm sur les plaques, à environ 2 cm de distance. Enfournez pour 1 heure environ, puis laissez refroidir sur les plaques.

4. Pendant ce temps, battez le beurre et le sucre glace dans un petit saladier avec un batteur électrique jusqu'à ce que le mélange soit clair et mousseux. Incorporez la pulpe de fruit de la passion. Assemblez les meringues deux par deux avec le beurre au fruit de la passion.

Meringues à l'eau de rose

Pour 20 meringues fourrées

Préparation + cuisson 1 h 25
+ refroidissement et réfrigération

1. Préchauffez le four à 120 °C. Graissez des plaques de cuisson puis chemisez-les de papier sulfurisé.

2. Battez 2 blancs d'œufs, 110 g de sucre en poudre, 1 cuillerée à café d'eau de rose et quelques gouttes de colorant alimentaire rose dans un petit saladier avec un batteur électrique, pendant 15 minutes, jusqu'à ce que le sucre soit dissous. Garnissez une poche à douille munie d'un embout cannelé de 2 cm de la préparation. Formez des étoiles de 4 cm sur les plaques, en les espaçant de 2 cm. Faites cuire au four 1 heure environ.

3. Pendant ce temps, portez 2 cuillerées à soupe de crème liquide à ébullition dans une petite casserole. Retirez du feu, ajoutez 90 g de chocolat blanc coupé en petits morceaux, et remuez jusqu'à homogénéité. Incorporez 2 cuillerées à café de framboises égouttées et écrasées et quelques gouttes de colorant alimentaire rose. Réfrigérez 20 minutes jusqu'à ce que la ganache puisse être étalée. Assemblez les meringues deux par deux avec la ganache.

Meringues au moka et aux noisettes

Pour 50 meringues

Préparation + cuisson 1 h 10
+ refroidissement et repos

1. Préchauffez le four à 120 °C. Graissez des plaques de cuisson puis chemisez-les de papier sulfurisé.

2. Battez 3 blancs d'œufs dans un petit récipient avec un batteur électrique jusqu'à la formation de pics souples. Ajoutez progressivement 165 g de sucre en poudre, en battant après chaque addition, jusqu'à ce qu'il soit dissous. Faites dissoudre 2 cuillerées à café de granules de café lyophilisé et 2 cuillerées à café de cacao en poudre dans 2 cuillerées à café d'eau chaude, dans un petit verre résistant à la chaleur ; incorporez 2 cuillerées à café de liqueur à la noisette. Mélangez la préparation obtenue avec la préparation à la meringue.

3. Versez le tout dans une poche à douille munie d'un embout lisse de 1 cm. Formez 50 petits tas de 1 cm sur les plaques puis garnissez chacun d'une noisette entière grillée. Recouvrez les noisettes du reste de meringue. Enfournez pour 45 minutes environ, puis laissez refroidir sur les plaques. Plongez un côté des meringues dans 180 g de chocolat noir fondu. Laissez prendre à température ambiante.

Meringues chocolat-orange

Pour 50 meringues

Préparation + cuisson 1 h 25
+ refroidissement et repos

1. Préchauffez le four à 120 °C. Graissez des plaques de cuisson puis chemisez-les de papier sulfurisé.

2. Battez 3 blancs d'œufs dans un petit saladier avec un batteur électrique jusqu'à la formation de pics souples. Ajoutez progressivement 165 g de sucre en poudre, en battant après chaque addition, jusqu'à ce qu'il soit dissous. Incorporez 1 cuillerée à soupe de cacao en poudre tamisé, 2 cuillerées à café de zeste d'orange finement râpé et 2 cuillerées à café de liqueur à l'orange dans les blancs d'œufs sucrés.

3. Déposez des cuillerées à soupe de préparation sur les plaques, en les espaçant de 2 cm. Enfournez pour 1 heure environ, puis laissez refroidir sur les plaques. Versez 90 g de chocolat noir fondu en filet sur les meringues. Laissez prendre à température ambiante.

Meringues chocolat-menthe

Pour 18 meringues fourrées

Préparation + cuisson 1 h 25 + refroidissement

1. Préchauffez le four à 120 °C. Graissez des plaques de cuisson puis chemisez-les de papier sulfurisé.

2. Battez 2 blancs d'œufs et 110 g de sucre en poudre dans un petit saladier avec un batteur électrique, pendant environ 15 minutes, jusqu'à ce que le sucre soit dissous. Incorporez 2 cuillerées à soupe de cacao en poudre tamisé. Garnissez une poche à douille munie d'un embout cannelé de 2 cm de la préparation. Formez des étoiles de 4 cm sur les plaques, en les espaçant de 2 cm. Faites cuire environ 1 heure, puis laissez refroidir sur les plaques.

3. Battez 60 g de beurre dans un petit saladier avec un batteur électrique avec 80 g de sucre glace, 2 cuillerées à café de lait et ½ cuillerée à café d'essence de menthe poivrée. Assemblez les meringues deux par deux avec la garniture. Saupoudrez de cacao en poudre tamisé avant de servir, si vous le souhaitez.

Meringues au café et aux noisettes

Pour 30 meringues

Préparation + cuisson 55 minutes + refroidissement

2 blancs d'œufs
110 g de sucre en poudre
2 c. à c. de granules de café lyophilisé
½ c. à c. d'eau chaude
3 c. à c. de liqueur au café
35 g de noisettes grillées

1. Préchauffez le four à 120 °C. Beurrez deux plaques de cuisson et chemisez-les de papier sulfurisé.

2. Montez les blancs d'œufs en neige. Incorporez progressivement le sucre, en fouettant bien après chaque addition.

3. Faites dissoudre le café dans l'eau chaude avant d'ajouter la liqueur. Incorporez ce mélange à la meringue.

4. Versez la meringue dans une poche à douille munie d'un embout cannelé de 5 mm de diamètre. Formez des petits tas sur les plaques, à 2 cm de distance. Décorez chaque meringue d'une noisette.

5. Faites cuire les meringues 45 minutes au four. Laissez-les refroidir dans le four, porte ouverte.

Mini-florentins

Pour 25 florentins

Préparation + cuisson 25 minutes + repos

120 g de raisins sultanines
80 g de pétales de maïs
60 g d'amandes effilées, grillées
100 g de cerises confites rouges, coupées en quatre
160 ml de lait concentré sucré
60 g de chocolat blanc fondu
60 g de chocolat noir fondu

1. Préchauffez le four à 180 °C. Chemisez des plaques de cuisson de papier sulfurisé.

2. Mélangez les raisins, les pétales de maïs, les amandes, les cerises confites et le lait concentré dans un saladier.

3. Déposez des cuillerées à soupe de préparation à environ 5 cm de distance sur les plaques. Faites cuire environ 5 minutes au four, puis laissez refroidir sur les plaques.

4. Étalez le chocolat blanc sur la base de la moitié des florentins, et le chocolat noir sur la base de l'autre moitié. Tracez des sillons sur le chocolat avec une fourchette. Laissez prendre à température ambiante.

Conservez les florentins dans un récipient hermétique au réfrigérateur jusqu'à une semaine.

Amaretti

Pour 20 amaretti

Préparation + cuisson 30 minutes + repos

120 g d'amandes en poudre
220 g de sucre en poudre
2 blancs d'œufs
¼ de c. à c. d'extrait d'amandes
20 amandes mondées (20 g)

1. Graissez des plaques de cuisson.

2. Battez les amandes en poudre, le sucre, les blancs d'œufs et l'extrait d'amandes dans un petit saladier avec un batteur électrique pendant 3 minutes. Laissez reposer 5 minutes.

3. Garnissez une poche à douille munie d'un embout lisse de 1 cm de la préparation. Formez des disques d'environ 4 cm de diamètre sur les plaques, en partant du centre vers l'extérieur. Décorez chaque amaretti de 1 amande, et recouvrez-les de papier d'aluminium, sans serrer. Laissez reposer à température ambiante pendant la nuit (voir note ci-contre).

4. Préchauffez le four à 180 °C.

5. Passez les amaretti au four 12 minutes environ. Laissez reposer 5 minutes sur les plaques avant de les mettre à refroidir sur une grille.

Ces biscuits seront meilleurs si vous laissez reposer la préparation pendant la nuit. La recette fonctionne aussi si vous faites cuire les amaretti tout de suite, mais ils ne seront pas aussi bons. Les amaretti se conservent dans un récipient hermétique pendant au moins une semaine.

Étoiles au golden syrup et aux cacahuètes

Pour 60 étoiles

Préparation + cuisson 30 minutes + repos

1. Préchauffez le four à 180 °C. Chemisez des plaques de cuisson de papier sulfurisé.

2. Préparez une mesure de pâte à sablés basique (voir page 48) en remplaçant l'extrait de vanille par 1 cuillerée à soupe de golden syrup. Incorporez 70 g de beurre de cacahuète sans morceaux dans la pâte.

3. Garnissez une poche à douille munie d'un embout cannelé de 2 cm de la préparation. Formez des étoiles de 5 cm sur les plaques, à environ 2,5 cm de distance. Faites cuire environ 10 minutes au four puis laissez refroidir sur les plaques.

Sablés au chocolat blanc et aux canneberges

Pour 26 sablés

Préparation + cuisson 45 minutes + repos

1. Préchauffez le four à 180 °C. Chemisez des plaques de cuisson de papier sulfurisé.

2. Préparez une mesure de pâte à sablés (voir page 48). Incorporez 35 g de canneberges séchées, finement hachées, et 90 g de chocolat blanc grossièrement râpé dans la pâte. Déposez des cuillerées à soupe de pâte sur les plaques à environ 5 cm de distance. Enfournez pour 15 minutes et laissez refroidir sur les plaques.

3. Faites fondre 90 g de chocolat blanc puis colorez-le en rose avec du colorant alimentaire. Décorez les biscuits d'un filet de chocolat fondu puis laissez prendre à température ambiante.

Biscuits façon baklava

Pour 42 biscuits

Préparation + cuisson 45 minutes + repos

1. Mélangez 90 g de pistaches non salées grillées, finement hachées, 2 cuillerées à soupe de miel et 3 cuillerées à café d'eau de rose dans un petit saladier.

2. Préchauffez le four à 180 °C. Chemisez des plaques de cuisson de papier sulfurisé.

3. Préparez une mesure de pâte à sablés basique (voir page 48). Incorporez 2 cuillerées à café d'eau de rose dans la pâte. Façonnez en boules des cuillerées à café bombées de pâte puis faites-en des boudins de 12 cm. Formez une boucle avec chacun, en faisant se chevaucher les extrémités. Disposez les biscuits sur les plaques à environ 2,5 cm de distance.

4. Garnissez-les d'à peu près ½ cuillerée à café de pistaches au miel. Enfournez pour 10 minutes puis laissez refroidir sur les plaques.

Roulés aux noisettes

Pour 30 roulés

Préparation + cuisson 40 minutes + réfrigération + repos

185 g de farine ordinaire
100 g de beurre coupé en cubes
110 g de sucre en poudre
1 jaune d'œuf
1 c. à s. de lait, environ
110 g de pâte à tartiner au chocolat et aux noisettes
2 c. à s. de noisettes en poudre

1. Préchauffez le four à 180 °C. Beurrez deux plaques de cuisson et chemisez-les de papier sulfurisé.

2. Malaxez en chapelure la farine, le beurre et le sucre. Ajoutez le jaune d'œuf et mélangez de nouveau en ajoutant suffisamment de lait pour que la pâte forme une boule. Pétrissez cette dernière sur un plan de travail légèrement fariné jusqu'à ce qu'elle soit lisse. Réfrigérez-la 1 heure à couvert.

3. Abaissez la pâte entre deux feuilles de papier sulfurisé pour obtenir un rectangle de 20 x 30 cm. Retirez la feuille du haut. Tartinez uniformément de pâte au chocolat et aux noisettes et saupoudrez de noisettes en poudre. Formez un rouleau serré en partant d'un grand côté, couvrez de film alimentaire et réfrigérez 30 minutes.

4. Retirez le film alimentaire et découpez la bûche en tranches de 1 cm. Placez celles-ci sur les plaques, à 2 cm de distance. Faites-les cuire au four 20 minutes. Laissez-les reposer 5 minutes sur les plaques avant de les mettre à refroidir sur une grille.

Pour préparer les noisettes en poudre, faites griller rapidement des noisettes entières dans une petite poêle, en remuant constamment pour éviter qu'elles ne roussissent. Laissez-les refroidir dans un torchon, puis frottez-les pour les débarrasser de leur peau. Broyez-les ensuite dans un moulin à épices ou un robot ménager pour obtenir la consistance d'une chapelure grossière. Veillez à ne pas trop les pulvériser pour qu'elles ne forment pas une pâte compacte.

Monocles à la confiture

Pour 24 monocles

Préparation + cuisson 45 minutes + repos

125 g de beurre ramolli
½ c. à c. d'extrait de vanille
110 g de sucre en poudre
120 g d'amandes en poudre
1 œuf
100 g de farine ordinaire
2 c. à s. de confiture de framboises

1. Préchauffez le four à 180 °C. Beurrez deux plaques de cuisson et chemisez-les de papier sulfurisé.

2. Battez le beurre, l'extrait de vanille, le sucre et les amandes en poudre jusqu'à obtenir un mélange léger et mousseux. Ajoutez l'œuf en fouettant bien. Incorporez la farine tamisée.

3. Faites tomber des cuillerées rases de pâte sur les plaques, à 5 cm de distance. Creusez un petit puits au centre et remplissez-le de confiture. Faites cuire 15 minutes au four. Laissez refroidir sur les plaques.

Langues-de-chat à la vanille

Pour 24 langues-de-chat

Préparation + cuisson 25 minutes + repos

30 g de beurre ramolli
55 g de sucre en poudre
1 gousse de vanille
1 blanc d'œuf légèrement battu
35 g de farine ordinaire

1. Préchauffez le four à 200 °C. Beurrez deux plaques de cuisson et chemisez-les de papier sulfurisé.

2. Mettez le beurre et le sucre dans un saladier. Fendez la gousse de vanille en deux dans la longueur et grattez l'intérieur pour récupérer les graines dans le saladier. Battez jusqu'à obtenir un mélange léger et crémeux, puis incorporez le blanc d'œuf et la farine. Versez la pâte dans une poche à douille munie d'un embout simple de 5 mm de diamètre.

3. Formez des langues-de-chat de 6 cm de long environ, en les espaçant de 5 cm. Faites cuire 5 minutes au four. Laissez refroidir sur les plaques.

Matériel

1. POCHES À DOUILLE

Elles existent en diverses tailles dans les magasins d'ustensiles de cuisine et les grandes surfaces, et sont généralement fabriquées dans un matériau étanche. On peut également confectionner une poche à douille avec du papier sulfurisé. Idéal pour les petites quantités de glaçage.

2. EMPORTE-PIÈCE EN FORME DE CŒUR

Utilisé dans la recette « Cœurs au caramel et aux cacahuètes », page 76.

3. EMBOUTS EN PLASTIQUE

On peut les acheter dans certains magasins de loisirs créatifs, les supermarchés et les magasins d'ustensiles de cuisine.

4. EMPORTE-PIÈCE POUR PAIN D'ÉPICES

Disponible dans les magasins de loisirs créatifs. Utilisé dans la recette « Biscuits au gingembre », page 51.

5. ROULEAU À PÂTISSERIE, CUILLÈRE EN BOIS ET PINCEAU

Disponibles dans les magasins d'ustensiles de cuisine, certains supermarchés et grands magasins.

6. SPATULE EN MÉTAL

Existe en plusieurs tailles dans les magasins d'ustensiles de cuisine, certains supermarchés et grands magasins.

7. CUILLÈRES À MESURER

Vendues dans les grands magasins et les magasins d'ustensiles de cuisine.

8. PAPIER SULFURISÉ

On peut s'en servir pour fabriquer des poches à douille, chemiser des plaques de cuisson et des moules à gâteaux. Disponible dans les supermarchés et les magasins d'ustensiles de cuisine.

9. COLORANTS ALIMENTAIRES

Il en existe de nombreuses sortes dans les fournisseurs pour pâtissiers, les magasins de loisirs créatifs et certains supermarchés ; ils sont tous concentrés. Utilisez-les d'abord en toute petite quantité pour tester leur intensité.

10. TAMIS

Il est indispensable de posséder un tamis fin pour tamiser le sucre glace.

11. PLAQUE DE CUISSON ET GRILLE

Disponibles dans les supermarchés, les grands magasins et les magasins d'ustensiles de cuisine.

1

2

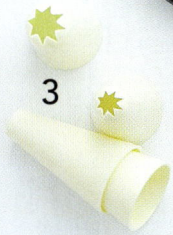

3

4

5

5

5

1

5

7

9

8

6

10

11

5

Glossaire

AMANDES

mondées amandes entières débarrassées de leur peau brune.

essence ou extrait d'amandes.

en poudre ou poudre d'amandes. Amandes moulues jusqu'à obtention d'une texture proche de celle d'une farine grossière.

BICARBONATE DE SOUDE ou bicarbonate de sodium, ou carbonate monosodique. Il est utilisé comme agent levant en pâtisserie.

CACAHUÈTE il ne s'agit pas d'un fruit à coque mais du fruit d'une légumineuse ; également connue sous le nom d'arachide.

beurre de cacahuète pâte à tartiner à base de cacahuètes. Existe en version « crunchy », avec des morceaux, ou crémeuse, sans morceaux.

CACAO EN POUDRE fèves de cacao séchées, non sucrées, torréfiées puis moulues.

CANNELLE écorce intérieure séchée du cannelier. Disponible en bâton ou en poudre.

CHOCOLAT

pâte à tartiner aux noisettes et au chocolat dans les recettes de ce livre, nous utilisons du Nutella. Celui-ci a été inventé pendant la Seconde Guerre mondiale ; à cette époque, le chocolat était une denrée rare, et on décida donc d'y ajouter des noisettes pour en augmenter les stocks.

chocolat noir contient un fort pourcentage de cacao et de beurre de cacao, et peu de sucre ajouté.

chocolat au lait chocolat doux et très sucré, le plus consommé. Il est similaire au chocolat noir, à la différence qu'il contient du lait.

chocolat blanc ne contient pas de cacao. Sa saveur sucrée provient du beurre de cacao. Il est très sensible à la chaleur, soyez donc très prudent quand vous le faites fondre.

CLOU DE GIROFLE bouton floral séché d'un arbre tropical, pouvant être utilisé entier ou moulu. Il possède une saveur et un parfum piquants et forts caractéristiques.

COLORANT ALIMENTAIRE produit utilisé pour changer les couleurs de différents aliments. Les colorants alimentaires sont comestibles et influent de façon imperceptible sur le goût.

CRÈME DE TARTRE composant acide de la levure. On l'ajoute en confiserie pour empêcher le sucre de cristalliser. Elle permet aux glaçages de rester crémeux, et d'augmenter le volume des blancs d'œufs battus.

EAU DE FLEUR D'ORANGER liquide issu de la distillation des fleurs de l'oranger amer, servant à parfumer crèmes et pâtes. Disponible dans les épiceries moyen-orientales et certains supermarchés et épiceries fines. Elle ne peut pas être remplacée par des arômes d'agrumes car son goût est complètement différent.

EAU DE ROSE liquide issu de la distillation de pétales de rose. Elle est très utilisée au Moyen-Orient, en Afrique du Nord et en Inde pour parfumer les desserts.

ESSENCE DE MENTHE POIVRÉE liquide obtenu à partir des huiles essentielles des feuilles de menthe poivrée. On l'utilise souvent en cuisine.

FARINE

ordinaire farine de blé, polyvalente.

de riz farine très fine provenant de la mouture de riz blanc.

à levure incorporée farine tamisée avec de la levure – 2 cuillerées à café de levure pour 150 g de farine ordinaire.

complète moulue à partir de grains de blé entiers (son, germe et endosperme). Existe avec ou sans levure incorporée.

FÉCULE DE MAÏS on l'utilise comme épaississant.

FLOCONS D'AVOINE grains d'avoine décortiqués, ramollis à la vapeur, aplatis puis séchés et mis en paquet pour être consommés comme céréales. Les flocons à cuisson rapide sont généralement plus fins que les flocons classiques. Ils absorbent plus d'eau et cuisent plus vite.

FRUITS CONFITS fruits que l'on fait bouillir dans un sirop de sucre épais pour les conserver.

GÉLATINE si vous utilisez des feuilles de gélatine, sachez que 3 cuillerées à café de gélatine en poudre (6 g par sachet) équivalent à environ 4 feuilles de gélatine.

GERME DE BLÉ partie qui permet la germination puis la repousse d'une nouvelle plante. Il a une saveur de noisette et est riche en huile, c'est pourquoi il rancit très rapidement. On le retire généralement pendant la mouture. On en trouve dans les magasins bio et les supermarchés.

GINGEMBRE MOULU on l'utilise pour parfumer les gâteaux, tartes et autres desserts, mais il ne peut se substituer au gingembre frais.

GOLDEN SYRUP sirop de sucre ambré, fabriqué à partir de sucre de canne. On peut le remplacer par du sirop d'érable pur ou par du miel.

LAIT CONCENTRÉ SUCRÉ lait de vache dont la teneur en eau a été réduite de 60 % par évaporation, et auquel on a ajouté du sucre.

LIQUEURS

à la noix de coco nous avons utilisé du Malibu, mais vous pouvez choisir une autre liqueur de votre choix.

à la noisette nous avons utilisé du Frangelico, mais vous pouvez choisir une autre marque.

limoncello digestif (boisson alcoolisée généralement consommée à la fin du repas pour stimuler la digestion) produit à base de zestes de citrons parfumés, que l'on fait macérer dans de l'alcool pur de bonne qualité. Le mélange est ensuite dilué avec du sucre et de l'eau.

à l'orange nous avons utilisé du curaçao ou du Grand Marnier, mais vous pouvez choisir d'autres liqueurs.

MUSCADE fruit séché d'un arbre à feuilles persistantes originaire d'Indonésie. On la trouve sous forme de poudre, mais on peut également la râper soi-même avec une râpe fine.

NOISETTES EN POUDRE noisettes moulues en poudre fine ou grossière.

PAPIER SULFURISÉ aussi appelé papier cuisson. Papier enduit de silicone, principalement utilisé pour chemiser des moules et des plaques afin d'éviter que les gâteaux et biscuits ne collent dessus.

PÉTALES DE MAÏS céréale produite commercialement à partir de flocons de maïs croustillants, déshydratés puis cuits au four.

POIVRE DE LA JAMAÏQUE également connu sous le nom de piment de la Jamaïque ou toute-épice. Son goût est un mélange de muscade, de cumin, de clou de girofle et de cannelle. On le trouve en grains (baies brun foncé de la taille d'un petit pois) ou moulu, et on l'utilise aussi bien dans les plats sucrés que salés.

SUCRE

cassonade sucre roux parfumé issu de la canne à sucre.

en poudre aussi appelé sucre semoule, c'est un sucre blanc obtenu par broyage du sucre cristallisé.

demarara sucre cristallisé doré à la saveur riche caractéristique. On l'utilise souvent pour sucrer le café.

sucre glace sucre cristallisé réduit en poudre et additionné d'un peu d'amidon.

sucre cristallisé sucre blanc à la texture grossière.

Index

maraboutchef

TESTÉ 3 FOIS

Vous avez choisi "petits biscuits et macarons", découvrez également :

apéros & mini-bouchées

best-of cakes !

recettes de filles

les meilleurs desserts

Et aussi :

ENTRE AMIS
Barbecue party
Mini-quiches et mini-cakes
Best-of verrines

RAPIDE
Recettes au micro-ondes
Recettes vite prêtes
Salades pour changer

CUISINE DU MONDE
Recettes chinoises
À l'italienne
Cuisiner grec
Easy wok

CLASSIQUES
Pain maison
Basiques de la cuisine française
Recettes de famille
Spécial pomme de terre
Pasta

PRATIQUE
Recettes pour bébé
Cuisiner pour les petits
Petits plats mini-prix
Spécial étudiant
Les basiques de la cuisine
Dîners en tête-à-tête

SANTÉ & BIEN-ÊTRE
Desserts tout légers
21 jours pour mincir
Mes recettes protéinées
Recettes anti-cholestérol
Recettes minceur
Soupes en toute saison
Recettes végétariennes
Spécial légumes

GOURMANDISES
Les meilleurs desserts
Tout chocolat
Cupcakes, cookies & macaro

MARABOUT SE PRÉOCCUPE DE L'ENVIRONNEMENT

Nous utilisons des papiers composés de fibres naturelles, renouvelables et recyclables.

Les papiers qui composent ce livre sont fabriqués à partir de bois issus de forêts qui adoptent un système d'aménagement durable.

Nous attendons de nos fournisseurs de papier qu'ils s'inscrivent dans une démarche de certification environnementale reconnue.

Traduction et adaptation : Constance de Mascureau.
Suivi éditorial : Natacha Kotchetkova.
Mise en pages : les PAOistes.

Hachette Livre (Marabout) - 43, quai de Grenelle - 75905 Paris CEDEX 15

Extraits de *Macaroons and biscuits*, *Cookies & biscuits* et de *Cakes, Biscuits & Slices* publié pour la première fois en Australie.
© 2006, 2007, 2010 ACP Publishing Pty Limited.
© 2010 Hachette Livre (Marabout).

Dépôt légal : août 2010 / 40.5728.7 / ISBN 978-2-501-06585-6
Édition 01 / Imprimé en Espagne par Gráficas Estella.